Bier selber brauen:
einfach – günstig – lecker

André Dückers

Bier selber brauen

einfach – günstig – lecker

2. Auflage © 2017 André Dückers, Nettetal
Herstellung und Verlag: BoD - Books on Demand, Norderstedt
ISBN 978-3-8370-0321-5

Titelfoto: © Horst Schröder – pixelio.de
Foto Hopfen: © Thomas Jenkins - fotolia.com
Übrige Fotos: © André Dückers

Bibliographische Information Der Deutschen Bibliothek:
Die Deutsche Bibliothek verzeichnet diese Publikation in der Deutschen Nationalbibliographie; detaillierte bibliographische Daten sind im Internet über http://dnb.ddb.de abrufbar.

Inhalt

Vorwort zur zweiten Auflage

Zehn Jahre nach der Erstauflage erscheint mir ein Update angebracht. Die Fotos sind zum Teil nicht mehr zeitgemäß, das Cover bekommt einen frischeren Auftritt und einzelne Fehler sind behoben. Vor allem aber sorgte die automatisierte Formatierung als E-Book für den ein oder anderen Verwechslungsfehler, insbesondere zwischen 1 (eins) und l (Liter). Mit der Wahl einer anderen Schrift wird dem in der Neuauflage entgegen gewirkt.

Dennoch: Das Grundprinzip ist nach wie vor gut geeignet um einen kostengünstigen Einstieg ins Hobby-Brauen zu realisieren. Es ist wie der Untertitel sagt einfach umzusetzen und in den Einstiegskosten günstig. Auch die Ergebnisse sind gut und lecker, da hier der komplette Brauprozess handwerklich umgesetzt wird und sich damit deutlich von dem „Pulver-ins-Wasser-schütten"-Prinzip abhebt. Wer also erste Brauversuche unter Anleitung erproben möchte, ist mit diesem Ratgeber und dem vorgestellten Verfahren nach wie vor gut aufgestellt.

Viel Spaß beim Brauen.

André Dückers, August 2017

Vorwort zur Erstauflage

Warum eigenes Bier brauen? Inzwischen kann man sich in jedem Getränkemarkt um die Ecke eine mehr oder weniger günstige Kiste kaufen. Und vielleicht ist gerade das der Grund, warum sich Menschen wieder auf ihre Wurzeln besinnen. Viele fühlen sich durch die maschinell getätigten und automatisierten Abläufe besonders in der Lebensmittelindustrie von den natürlichen Prozessen so weit entfernt, dass sie die traditionellen Methoden zur Gewinnung und Weiter-verarbeitung von Lebensmitteln wiederentdecken: Kräuter werden wieder selber gezogen, Gemüse angebaut, Likör angesetzt, Marmelade gekocht, Brot gebacken, Käse gelabt oder Wein gekeltert.

Dass Bier brauen ähnlich einfach ist, scheint bei vielen leider in Vergessenheit geraten zu sein. Dabei handelt es sich von je her um eine bodenständige hauswirt-schaftliche Tätigkeiten, wie das Lied von Rumpel-stilzchen belegt: „Heute back ich, morgen brau ich [...]".

Der allgemeine Trend findet Unterstützung durch die sich immer mehr am Massengeschmack orientieren-den Großbrauereien. Charaktervolle Biere haben kaum noch Marktchancen und verschwinden all-mählich, besonders herbe Biere verflachen zu-nehmend und die Hopfung immer mehr an dem angeglichen, was allgemeinverträglich ist. Nichts-sagende „Gold"-Biere liegen voll im Trend und werden nur noch von den Biermix-Getränken mit dem ge-schmacklichen Super-Gau „Bier plus Energydrink" getoppt.

Wer hier nickend nach Alternativen sucht, ist mit dem vorliegenden Buch gut aufgestellt. Denn gerade durch das selbst hergestellte Bier kann man dem Massengeschmack entfliehen. Es lassen sich wieder die Biere herstellen, die einem wirklich schmecken oder die sich - wenn nicht - immer noch als persönliches Mitbringsel verschenken lassen.

Eine Reihe vorzüglicher Bücher zum Thema "Bier selber brauen" sind bereits auf dem Markt und dennoch schien mir eines zu fehlen: Ein Buch, das den Schwerpunkt auf eine verständliche Darstellung des Brauprozesses legt und gleichzeitig ein Verfahren vorstellt, das wohl nicht das professionellste, dafür aber ein äußerst kostengünstiges ist.

Interessierte (Neu-)Hobbybrauer, die also nach einem guten Verhältnis von Kosten und Nutzen suchen, werden hier fündig. Das hier vorgestellte Grundverfahren ist mit einigen in der Regel ohnehin vorhandenen Haushaltsartikeln und einer zusätzlichen Investition von 20 – 30 € umsetzbar. Es handelt sich daher vor allem um ein Mut-mach-Buch. Mit geringem finanziellen Aufwand lässt sich authentisch (kein Pulver-in-warmes-Wasser-Bier!) selber gutes Bier brauen. Das Ergebnis wird Lust auf mehr machen. Ich spreche aus Erfahrung.

Das Buch orientiert sich auch in seiner Ausgestaltung an einer vernünftigen Kosten-Nutzen-Rechnung. Auf aufwendige Ausführungen wie Hochglanzdruck oder unnötige Farbfotos wird daher zugunsten eines vernünftigen Kaufpreises verzichtet.

Der Weg zur Optimierung des Brauvorgangs und der Verbesserung der Qualität des Bieres geht vor allem über kritische Rückmeldungen der „Testtrinker" und über den Austausch mit anderen Hobbybrauern. Ich freue mich darum auf Kritik, Verbesserungsvorschläge oder auch Erfahrungsberichte der Leserinnen (ja auch die gibt's unter den Hobbybrauern!) und Leser. Schreiben Sie mir dann bitte an: André Dückers, Tolkemiter Straße 8, 41334 Nettetal.

Viel Spaß mit dem Buch und dem selbstgebrauten Bier.

André Dückers

1 Die Einführung in den Brauvorgang

Um selber Bier zu brauen, kommt man nicht ohne ein bisschen Brautheorie aus. Zumindest die grundlegenden Abläufe sollten einem Heim- und Hobbybrauer bekannt sein. Das Buch orientiert sich darum zunächst am Ablauf der Fertigung eines gewöhnlichen Industrie-Bieres.

In den Brauereien wird zuerst das von den Mälzereien gelieferte **Malz** geschroten (grob zerkleinert). Anschließend wird es unter ständigem Rühren mit dem heißen Brauwasser in einem Bottich, der sogenannten Maischepfanne vermischt. Der Vorgang wird für gewöhnlich als **Einmaischen** bezeichnet.

Der Sud wird nach einer kleinen Pause von etwa einer ¼ Stunde (Eiweißrast) weiter erhitzt und durchläuft abhängig von der Rezeptur verschiedene **Temperaturstufen**. Für gewöhnlich wird unter ständigem Umrühren der Sud auf etwa 64 °C erhitzt. Bei dieser Temperatur wird eine **Rast** von etwa 30 bis 45 Minuten eingelegt. In dieser Zeit erfolgt die sogenannte β–Amylase, das heißt aus dem Malz wird die Stärke herausgelöst und in **Maltose** (vergärbarer Zucker) verwandelt. Nach weiterer Temperaturerhöhung auf ca. 72 °C wird eine weitere Rast etwa gleicher Dauer eingelegt. Innerhalb dieser Temperaturstufe erfolgt die sogenannte α–Amylase, in der die **Dextrine** (unvergärbarer Zucker) gebildet werden. Zum Schluss wird der Sud noch auf 75 °C (keinesfalls über 78 °C) erhitzt. Nun erfolgt eine **Jodprobe**, bei der einer kleinen Menge Maische ein Tropfen Jod zugegeben wird. Färbt sich das Jod nicht rot-blau ein, befindet sich in der Maische keine unverzuckerte Stärke mehr, der Maischvorgang kann beendet werden.

Nun folgt die Trennung von festen (Treber) und flüssigen (Vorderwürze) Bestandteilen. Dieser Vorgang wird als **Läutern** bezeichnet und erfolgt in der Regel in einem separaten Bottich auf dessen Boden ein siebähnlicher Einsatz den **Treber** daran hindert mit in die **Würze** zu fließen. Viele Hobbybrauer gießen den Treber mit heißem Wasser auf, um noch mehr Malzzucker zu lösen und die Ausbeute zu erhöhen. Dies wird meistens als **Nachschwänzen** oder Aussüßen bezeichnet

Anschließend erfolgt das **Würzekochen**. Der Sud wird unter Zugabe von **Hopfen** etwa 90 Minuten gekocht, damit sich die Bitterstoffe lösen können. In der Brauerei geschieht dies in einer Sudpfanne im Sudhaus. Danach müssen aus der Würze noch Trubstoffe (Eiweißbruch und Hopfenrückstände) gefiltert werden.

Wenn die Würze auf Zimmertemperatur runtergekühlt ist, erfolgt die Zugabe von Hefe. Der **Gärprozess** kann beginnen. Er wird zunehmend seltener in Bottichen (offene Gärung), sondern meist in Gärtanks (geschlossene Gärung) durchgeführt. Die Gärtemperatur richtet sich vor allem nach der Hefeart. Während **obergärige Hefen** auch bei über 20 °C noch vergären, entfalten **untergärige Hefen** bei etwa 10 °C ihr Wirkungsoptimum. Die Hefe verwandelt nun in wenigen Tagen die vergärbaren Zucker zu gleichen Teilen in Alkohol und Kohlensäure.

In Brauereien wird das **Jungbier** noch gefiltert, pasteurisiert, verschnitten, einige Wochen gelagert und durch vollautomatisierte Abfüllanlagen unter Zugabe von Kohlensäure abgefüllt. Für den Hobbybrauer sind diese Prozesse ohne enormen technischen und finanziellen Aufwand kaum umzusetzen. Im

Grunde bieten sich drei Möglichkeiten. Beim sogenannten **Grünschlauchen** wird das Bier vor Abschluss der Gärung abgefüllt, damit sich noch genügend Kohlensäure in der Flasche oder im Fass entwickeln kann. Eine andere Option ist die Zufügung von **Speise** (etwa 10 % nichtvergärte Würze, die vorher abgezweigt wird) nach Abschluss der Gärung aber vor Abfüllung. Dritte Möglichkeit ist die zum gleichen Zeitpunkt erfolgende Zugabe von vergärbarem Extrakt in Form von Haushaltszucker oder **Malzextrakt**, was letztlich den selben Effekt hat.

2 Die Rohstoffe

„Hopfen und Malz, Gott erhalt's" lautet ein Spruch, der seine Wurzeln vermutlich in dem von Herzog Wilhelm IV. 1516 erlassenen Deutschen Reinheitsgebot hat. In ihm heißt es, dass „...forthin allenthalben in unseren Städten, Märkten und auf dem Lande zu keinem Bier mehr Stücke als allein Gersten, Hopfen und Wasser verwendet und gebraucht werden sollen..."

Zu den drei erwähnten Grundstoffen Wasser, Malz (aus Gerste) und Hopfen gesellt sich noch die Hefe, die wegen ihrer recht späten Entdeckung nach der Erfindung des Mikroskops im 17. Jahrhundert nicht im Reinheitsgebot aufgeführt ist.

Einige Hilfsstoffe können für den Hobbybrauer noch interessant sein, helfen sie doch die Qualität des Bieres zu steigern und einige Sorten erst möglich zu machen. Doch der Reihe nach...

2.1 Das Wasser

Das Wasser macht mit über 90% zwar den Hauptbestandteil des Bieres aus, gleichzeitig halten sich die Möglichkeiten als Hobbybrauer sein Brauwasser zu beeinflussen aber in Grenzen. Über schön weiches Quellwasser verfügen wohl die wenigsten. Für gewöhnlich verwendet man also das Wasser aus dem Hahn, das ansonsten auch als Trinkwasser im Haushalt Verwendung findet. Glücklich schätzen kann sich der, der in einer Region qualitativ hochwertigen Grundwassers über einen eigenen Brunnen verfügt. In der Regel ist dort aber auch das Trinkwasser gut.

Insbesondere zwei Kriterien entscheiden über die Güte Ihres Bieres: Die **Härte** und der **pH-Wert** des Brauwassers.

Grundsätzlich gilt, dass das verwendete Brauwasser eher weich als hart (unter 10 deutsche Härtegrade) sein sollte. Weiterführende Literatur unterscheidet in Carbonat- und Nichtcarbonathärte und führt verschiedene Möglichkeiten auf, diese Grundbestandteile der Gesamthärte gezielt zu beeinflussen.

Ich möchte diesen Aspekt nicht weiter verfolgen, da ich insbesondere dem Anfänger von einer Aufbereitung des Brauwassers abraten möchte, da sie entweder ökonomisch (erhitzen) unsinnig oder ökologisch (Enthärtung mit Calciumhydroxid) fragwürdig ist.

Als weiteres Argument gilt, dass sich die Eigenheiten des Brauwassers auch in dem individuellen Charakter eines Bieres niederschlagen. Hobbybrauer sollten folglich die vermeintlich geringere Qualität des Ihnen zur Verfügung stehenden Wassers nicht um jeden Preis aufwerten wollen, sondern die größtenteils natürliche Einmaligkeit Ihres Brauwassers als Chance betrachten, sich von industriell gefertigten Bieren abzusetzen, die mittels Filtrierung, Enthärtung und Ionentauschern letztlich auf ein „Einheitsbrauwasser" zurückgreifen. Ich rate in diesem Punkt jedenfalls ausdrücklich zur Gelassenheit.

Dies gilt auch in Bezug auf den pH-Wert, der den **Säuregrad** des Wassers angibt. Bei Werten unter 7 spricht man von saurem, bei Werten über 7 von alkalischem Wasser. Abhängig ist der pH-Wert von der Anreicherung mit Wasserstoffionen, die sich aber von außen kaum beeinflussen lässt. Für Bier gilt ein Wert um 5, also ein leicht saures Brauwasser, als günstig, da er die enzymatischen Vorgänge beim Maischen besser unterstützt, und so eine höhere Sudausbeute ermöglicht.

Eine annehmbare Korrektur des Brauwassers kann sich über die Zugabe von Sauermalz (Näheres in 2.2 Malz!) ergeben, da sie ökologisch vertretbar und geschmacklich förderlich ist.

Den Härtegrad und pH-Wert Ihres Wassers können Sie über Ihren Versorger bzw. Ihr Wasserwerk erfragen oder mit inzwischen leicht und günstig zu beschaffenden Teststreifen selber bestimmen.

2.2 Das Malz

Neben Wasser stellt das Malz die Hauptkomponente des Bieres dar. Getreide wird in Wasser gelegt zum Keimen gebracht um es anschließend auf einer Darre zu trocknen. Dieser Vorgang wird als Mälzen bezeichnet und dient dazu, einen enzymatischen Prozess in Gang zu setzen, der für das Maischen eine unverzichtbare Voraussetzung darstellt.

Für den Hobbybrauer ist dieser Ablauf zu Hause aber nicht durchzuführen, da der Aufwand und die Kosten in keinem Verhältnis zu Beschaffbarkeit und Preis von fertigem Malz stehen. Selbst die

geschrotenes Malz

Brauereien stellen ihr Malz nur noch äußerst selten selber her.

Für den Hobbybrauer stellt sich darum höchstens noch die Frage, ob er sein Malz **geschroten** oder **ungeschroten** einkauft. Ungeschrotenes Malz ist etwa -,10 € je Kilo günstiger und länger lagerungsfähig. Dafür muss das Malz vor dem Maischen geschroten werden. Per Hand (z.B. mit einer Kaffeemühle) ist das sehr aufwendig und zeitintensiv. Maschinell geht es deutlich schneller. Die Kosten für eine halbwegs gute Schrotmühle schlagen allerdings mit mindestens 150,- € deutlich zu Buche.

Ich empfehle daher insbesondere für Anfänger das Malz geschroten zu kaufen. In einem geschlossenen Behälter (Oskar- oder Futtertonnen) ist es mehrere Wochen lagerungsfähig.

Das meiste Malz wird aus der zweizeiligen Brau- bzw. Sommergerste hergestellt. Am häufigsten anzutreffen ist das sogenannte **Pilsener Malz**. Durch geringe Temperaturen beim Abdarren bleibt das Malz recht hell. Das schlägt sich auch in der Farbe des Bieres nieder. Neben dem Einsatz bei allen Pilsener und Lagerbieren, die ja hell und licht sein sollen, kommt es als Basismalz auch bei obergärigen Sorten wie Alt, Kölsch und einigen ausländischen Biertypen zum Einsatz.

Vollmundiger im Geschmack und eher golden in der Farbe wirkt sich das **Wiener Malz** aus. Es ist daher auch besonders beim böhmischen Pils-Typ verbreitet, stellt aber auch eine Grundlage für Märzen-, Bock- und Spezialbiere dar.

Die dunkelste Variante der Gerstenbasismalze ist das **Münchener Malz**. Durch die höheren Temperaturen beim Trocknen ist es deutlich dunkler und schmeckt malziger, was sich auch auf das Bier überträgt. Anzutreffen ist es als Grundlage bei dunklen Biertypen wie etwa dem Alt.

Neben Gerste lassen sich aber auch andere Getreidesorten vermälzen. Während sich **Roggen-, Hafer- und Dinkelmalz** besonders für spezielle Kreationen eignen, kommt das **Weizenmalz** natürlich vor allem im Weizenbier vor. Ferner ist es in einigen Kölschrezepten anzutreffen.

Neben den Basismalzen kommen vielfältige Spezialmalze zum Einsatz. Um ein Bier tiefer als rotbraun zu färben, benötigt man **Farb- bzw. Röstmalze.** Letztlich findet

> **Praxistipp:**
> *Farbmalz kann zu Hause recht einfach selbst hergestellt werden. Dazu das Malz auf einem Backblech verteilen und in den kalten Ofen schieben. Auf 200 °C aufheizen und Temperatur halten bis die gewünschte Färbung eintritt. Farbmalz erst eine halbe Stunde vor dem Abmaischen zugeben.*

sich kaum eine Altbierrezeptur, die ohne Farbmalz auskommt. Auf eine zu hohe Beimischung ist allerdings zu verzichten, da ansonsten mit einer deutlich hervorstechenden brenzligen Bittere zu rechnen ist. Während im britischen Raum eine Vielzahl an Abstufungen erhältlich ist, gibt es hierzulande leider meist nur ein schwarzes Farbmalz zu kaufen.

Geröstete Gerste ist dagegen unvermälzte also rohe Gerste, die nur durch Röstung ihre dunkle Farbe erhält. Sie findet vor allem in englischen, schottischen und irischen Stouts und Porter ihren Einsatz und sorgt für den typischen an Kaffee erinnernden Röstgeschmack.

Eine andere Variante der Spezialmalze stellen die **Caramelmalze** dar. Diese werden in einem speziellen Verfahren so geröstet, dass die enthaltene Stärke nahezu vollständig verzuckert und caramelisiert. Sie betonen den vollmundigen und malzigen Charakter eines Bieres und sind auch in unterschiedlichen Farbstufen erhältlich.

Rauchmalz wird zumindest traditionell über Buchenholzfeuer getrocknet und erhält dadurch seinen typisch rauchigen Geschmack. Eine kleine Beigabe (nicht mehr als ein Viertel der Schüttung) verleiht auch dem eigenen Bier eine rauchige Note und erinnert an Bamberger Bierspezialitäten.

Sauermalz fördert die Säuerung der Maische, was bei alkalischem oder carbonatreichem Brauwasser hilfreich sein kann, um einen weicheren Geschmack zu erzeugen. Insbesondere bei Pils- und Kölschrezepten finden sich kleine Beimischungen von Sauermalz.

2.3 Der Hopfen

Während die Schüttung, also die Malzmischung vor allem über die Farbe entscheidet und den Geschmack beeinflusst, bestimmt die Art und die Menge des Hopfens über die **Bittere** des Bieres, die sich sowohl schmecken als auch riechen lässt. Zudem wirkt Hopfen konservierend.

Man unterscheidet grundsätzlich zwei Arten von Hopfen: **Aroma- und Bitterhopfen.** Die Übergänge sind in Anbetracht der unzähligen auch für Hobbybrauer verfügbaren Sorten fliessend. Viele Händler führen diese Unterscheidung nicht (mehr), sondern kennzeichnen den „Bitterwert" des Hopfens mit einem prozentualen α-Wert zwischen 3 und 15%. Je höher der Wert, desto bitterer der Hopfen. Verantwortlich sind die im Hopfen enthaltenen **Alphasäuren**, die sich beim Würzekochen auflösen und ins Bier übergehen. Die Kochdauer entscheidet daher neben der Menge des zugegebenen Hopfens über die Bittere des Bieres mit.

Bekannte und gern verwendete deutsche Bitter-hopfen sind Hallertauer Magnum und Taurus.

Aromahopfen (zumeist mit niedrigen Bitter- und damit α–Werten) wird wegen des Aromas, also des Bierduftes zugegeben. Er wird entweder direkt beim Abläutern dem Sud (Vorderwürze) zugegeben (vorgelegt) oder aber kurz vor dem Abseihen der durch das Kochen entstandenen (Rest-)Eiweißflocken und Hopfenrückstände. Klassische Vertreter und daher auch beliebt sind die deutschen Sorten Spalter Select, Hallertauer Tradition und der zu Weltruhm gekommene tschechische Saazer Hopfen.

Hopfenpflanze mit Dolden

Gehandelt wird Hopfen zumeist in **Pellet-Form** (in Packungen zu 50 oder 100 gr.), also bereits getrockneter und gepresster Hopfen. Für diese Form spricht die gute Dosierbarkeit und hohe Ergiebigkeit.

Die Handelsform sollte aber nicht darüber hinwegtäuschen, dass Hopfen eigentlich eine Pflanze ist, die auch im heimischen Garten wächst und nach wenigen Jahren Erträge abwirft und den zusätzlichen Kauf von Hopfenpellets nur für bestimmte Rezepte notwendig erscheinen lässt. Geerntet werden im Herbst die Doldenstände. Diese werden wenige Tage getrocknet und halten sich tiefgefroren durchaus bis zur kommenden Ernte. Meine Erfahrungen mit eigenem Hopfen sind durchweg positiver Natur, auch wenn es ein wenig Zeit dauerte um die Dosierung in Unkenntnis des α–Wertes (der sich dann vergleichsweise annähernd bestimmen lässt) zu verfeinern. Die **Dolden** sind ebenfalls gut zu dosieren, können tiefgefroren lange gelagert werden und sind im eigenen Anbau gut für das Budget.

Der Vollständigkeit halber sei die Flüssigvariante des Hopfens erwähnt. Gepresstes **Hopfenextrakt** (auch Hopfenöl genannt) lässt sich in kleinen Fläschchen erwerben. Durch den extrem gestiegenen α–Wert ist eine Dosierung aber schwieriger. Meine Erfahrungen damit halten sich in engen Grenzen, weswegen ich die Verwendung weder empfehlen noch von ihr abraten möchte.

2.4 Die Hefe

Auch wenn man erst seit gut 300 Jahren die Existenz und Wirkungsweise von Hefe kennt, brauchte man sie zur Vergärung immer schon. Im Unterschied zu heute, wo man Hefe von Reinstämmen gezielt einsetzt, hoffte man früher auf Fremdhefen, die sich aus der Umgebungsluft mehr oder minder zufällig auf den fertigen Sud setzten und die Gärung in Gang brachten. Heute findet der Einsatz wilder Hefen nur noch bei den belgischen Lambics statt.

Grundsätzlich werden Hefen in **unter- und obergärige Hefen** unterschieden. Im internationalen Sprachgebrauch findet sich diese Differenzierung in **Lager** (untergärig) und **Ale** (obergärig) wieder. Untergärige Hefen vergären bei niedrigeren Temperaturen (etwa 8 °C) und setzen sich im Verlauf der Gärung am Boden (unten!) ab. Obergärige vergären bei höheren Temperaturen (bis 20 °C) und bleiben bedingt durch die etwas andere Struktur an der Oberfläche (oben!) des Sudes. Neben der groben Unterteilung lassen sich noch etwa 500 Hefezüchtungen unterscheiden, die sich nicht nur im Gärverhalten, sondern vor allem in der Aroma- und Geschmacksentwicklung zum Teil deutlich unterscheiden. Die Verwendung bestimmter Hefestämme führt folglich zu einem bestimmten Charakter des Bieres.

Obergärige Hefen vergären schneller, dafür aber nicht so ergiebig. Der verbleibende Restzucker erklärt den oft süßlich-fruchtigen Charakter typisch obergäriger Biersorten:
- Weizen
- Alt
- Kölsch
- Klosterbiere (insbesondere belgische und französische Abtei- bzw. Starkbiere)
- Britische Stouts und Porter

Untergärige Hefen brauchen länger, vergären dafür effektiver und erzeugen einen herberen Grundcharakter, auch da der Restzucker im Vergleich zum obergärigen Bier meist geringer ausfällt. Zu den typischen Vertretern untergäriger Biere zählen:
- Pils
- Export
- Bockbier

- Märzen
- Rauchbier

Angeboten wird Hefe als **Trockenhefe**, die optisch der Backhefe recht nahe kommt. Sie kann auf den Sud gestreut und nach einigen Minuten Ein- weichzeit untergerührt werden. Etwas auf- wendiger, aber auch effektiver ist das Vor- bereiten der Hefe mit einer kleinen Menge

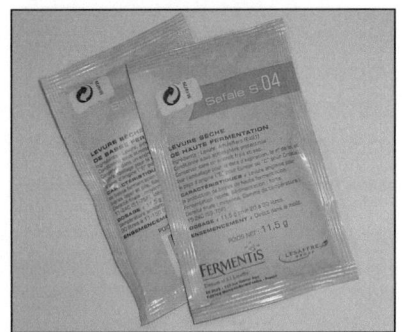

Trockenhefe von Fermentis

Würze (100 ml). Auch hier sollte die Hefe vorsichtig ein- gerührt werden und erst wenn sich nach ca. 30 Minu- ten ein Hefeschlamm entwickelt hat, gibt man ihn der Würze zu. Trockenhefen sind meist als 7 oder 11,5 gr.- Tütchen erhältlich, kosten um 2 € und reichen für einen Sud von 20 bis 25 Liter. Für größere Mengen sind ent- sprechend mehr Päckchen zu verwenden oder die Hefe vorher in einer Extraktlösung schon zu vermehren. In der Regel sind Trockenhefen als Basishefe (d.h. ober- oder untergärig) zu bekommen. Eine spezielle Biercha- rakteristik (z.B. Weizenbier) lässt sich mit ihr folglich nicht erreichen, für erste Versuche ist sie aber durchaus zu empfehlen.

Wer einen qualitativ höheren Anspruch an sein Bier stellt und bereit ist etwas mehr auszugeben greift auf **Reinzucht-Flüssighefen** zurück. Die bekanntesten Hersteller für das Hobbybrauersegment sind WYEAST und White Labs. WYEAST-Hefen sind in sogenannten Smack-Packs abgepackt, müssen ca. drei Tage vor dem Brauprozess durch Aufbrechen des Hefe-Inlays inkubiert werden und reichen für 25 Liter. Die Hefen von White Labs sind sofort einsatzbereit und sind ebenfalls zum Beimpfen eines 25-l-Sudes geeignet. Beide Varianten schlagen mit etwa 6 € deutlich höher zu Buche, bieten dafür aber eine nahezu unüberblick-bare Vielzahl unterschiedlicher Hefestämme an, die zudem bei entsprechender Kultivierung in der eigenen Hefezucht bis zur Degeneration mehrfach wieder-benutzt werden können.

Eine weitere, mir jedoch leider verborgene Variante ist die **Frischhefe** aus einer Brauerei. Wer sich also mit dem Braumeister der ortsansässigen Brauerei gut ver-steht, kann ausgerüstet mit sterilem Gerät und einer Kühlmöglichkeit qualitativ hochwertige Hefe unter Umständen zum Nulltarif in seine Hobbybrauerei über-führen. Ein Versuch lohnt!

2.5 Die Hilfsstoffe

Normalerweise reichen die vier Bestandteile aus um gutes Bier zu brauen. In Einzelfällen kann es aber sinn-voll sein auf Hilfsstoffe zurückzugreifen.

Sauermalz wurde im Kapitel 2.2 Malz schon be-sprochen. Es ist aufgrund seiner natürlichen und biologischen Milchsäuren (eigener pH-Wert liegt bei etwa 3,5) in der Lage der Alkalität des Brauwassers entgegenzuwirken. Unter normalen Wasserbe-dingungen trägt es zu einem trockenen und leicht säuerlichen Gesamteindruck des fertigen Bieres bei.

Ein ähnlicher Effekt ergibt sich durch Zugabe von **Mineralsalzen** oder **Braugips**. Die calciumhaltigen Stoffe sorgen ebenfalls für eine Erhöhung des Säure-gehaltes beim Brauwasser.

Hefenährstoffe können zum Einsatz kommen, um Gärproblemen (insbesondere dem verzögerten Ankommen der Gärung oder einem schleppenden Verlauf) vorzubeugen.

Durch Zugabe von **Rohfrucht** z.B. unvermälzte **Gerste** oder **Hafer** kann die Schaumstabilität deutlich verbessert werden. Den cremigsten Schaum beim Stout erreiche ich durch Zugabe eines Paketes Haferflocken.

Weitere Aromaträger machen bei speziellen Bierkreationen Sinn. Ein Weihnachtsbier ist wohl kaum ohne Zugabe von Anis, Ingwer, Koriander, Orangenschale, Zimt oder Vanille denkbar.

Wer gerne experimentiert findet natürlich noch durch die Zugabe von **Früchten** und **Kräutern** beliebig viele Variationsmöglichkeiten.

3   Das Material

3.1 Die Grundausstattung

Die hier beschriebene Ausstattung setzt voraus, dass einige Haushaltsartikel vorhanden sind, die nicht eigens zum Bier brauen gekauft werden müssen. Dazu gehören:

- eine (Küchen-)Waage
- ein großer Holz- oder Kunststoffrührlöffel (im Brauerjargon als Braupaddel bezeichnet)
- mehrere große Kochtöpfe oder am besten ein Einkocher (der für erste Versuche bestimmt von einer Großtante geliehen werden kann)
- ein Messbecher (am besten mit 1 oder 2 Liter Fassungsvermögen)
- Weingeist bzw. Alkohollösung zum Desinfizieren (kein Waschbenzin o.ä.!)
- ein großes Sieb und kochfähiges Stoffgewebe (zur Benutzung als Filtertuch, ein Küchentuch tut's gegebenenfalls auch)
- Bügelflaschen oder Partyfässer zum Abfüllen (zur Not vorher fleißig trinken)

Dazugekauft werden müssten noch:

- 2 ineinander stapelbare Kunststoffkisten (aus dem Haushaltswarenmarkt, Baumarkt o.ä., auf Lebensmittelverträglichkeit achten!)
- etwas Jodlösung (1%ige Kaliumjodlösung aus der Apotheke oder vom Braubedarfhandel aus dem Internet)
- ein großes Thermometer (Skalierung von 10 – 100 °C)
- eine Bierspindel plus Messzylinder (dient zur Bestimmung des Stammwürzegehalts bzw. Restextraktes, Erklärung folgt in Kapitel 4)

- ein halber Meter Silikonschlauch als Würzeheber

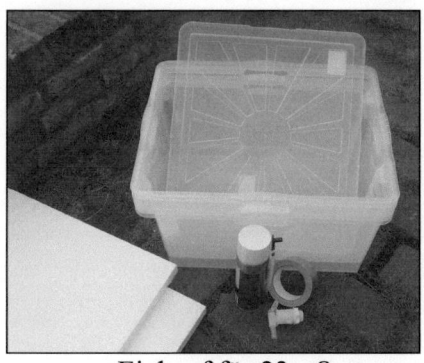

Einkauf für 23,- €

Die Kosten liegen mit etwa **20 €** (mit Thermometer etwa 30 €) vergleichsweise niedrig. Mir ist kein Brauverfahren bekannt, das mit geringeren Anfangsinvestitionen auskommt. Eine Optimierung des Brauequipments kann aber schnell mehrere hundert Euro kosten. Grenzen nach oben gibt es kaum, besonders dann nicht, wenn eine Technisierung des heimischen Brauvorgangs angestrebt wird. Das computergestützte Rührwerk oder sogar die automatisierte Flaschenabfüllung ist auch zu Hause realisierbar, stellen aber eher eine Orientierung an industrielle Fertigung als eine handwerkliche Tätigkeit (und das ist das Brauen) dar.

3.2 Wenn's was mehr sein darf...

empfehle ich die zusätzliche Anschaffung:
- eines Auslaufhahns für den Maisch-/Läuterbottich
- eines Gärbehälters (z.B. 60 l und am besten mit Auslaufhahn)
- eines kleinen Fläschchens Chlorbleiche (z.B. Chempro)
- und für den, der in Flaschen abfüllen möchte, einer Flaschenbürste und eines Kronkorken-Verschlussgerätes (Kapselpresse).

Je nach Ausführung und Güte fallen hier Kosten im Rahmen von etwa **50 €** an. Als nächst größere Anschaffung empfehle ich darüber hinaus die eines wirklich großen Kochtopfes (ab 40 l Inhalt). Damit kommen Sie über die Begrenzung des Sudes auf 25 l deutlich hinaus, müssen aber auch tiefer in die Tasche greifen.

Zum grundlegenden Verständnis der Behältervolumina:
Die in einem Sud herzustellende maximale Biermenge orientiert sich stets am kleinsten Behälter. Ich kann durchaus einen großen Bottich (40 l) zum Maischen und Läutern besitzen und über ein 120 l-Gärfass verfügen. Das nutzt mir aber alles nichts, wenn die Summe meiner Kochgefäße (in denen ich das Hopfenkochen vornehme) 20 l nicht übersteigt. Bei der Neuanschaffung ist folglich auf eine angemessene und sinnvoll auf einander abgestimmte Dimensionierung zu achten. Ich empfehle grundsätzlich die nächsthöhere Größe, um Potential nach oben nicht schon von vorne herein auszuschließen. Das im folgenden Kapitel vorgestellte Verfahren geht von der Verfügbarkeit eines Einkochers aus, der in der Regel ein Fassungsvermögen von 27 l nicht überschreitet. Die Gesamtbiermenge eines Sudes liegt also bei etwa 20 - 25 l.

Praxistipp:
Eine Verbesserung der Bierausbeute um etwa 10-15 % lässt sich durch das sogenannte High-Gravity-Verfahren erreichen. Dabei wird das Bier stärker eingebraut und vor der Hefegabe mit Wasser gelängt. Auf eine entsprechend größere Malzschüttung und Hopfengabe ist zu achten.

---

4 Der Weg zum fertigen Bier

Das Verfahren orientiert sich am im Rezeptteil als erstes aufgeführten Klosterbiers. Die Rezeptur eignet sich hervorragend für erste Versuche, da sowohl Mischung und Hopfung recht einfach sind als auch obergärige Hefen seltener Probleme in der Gärführung hervorrufen. Die folgende Beschreibung setzt die Verfügbarkeit eines Einkochers oder entsprechend ähnlich groß bemessener Kochgefäße voraus und ist für 20 –25 l Bier ausgelegt.

Die Angaben sind vage, weil verschiedene Gefäße und abweichende Kochzeiten zu unterschiedlichen Verdunstungsmengen führen. Außerdem ist nicht jedes Malz gleich ergiebig. Als Faustregel kann gelten: Aus 1 kg Malz lässt sich nahezu 5 l Bier mit einem Stammwürzegehalt von 12 ° Plato (entspricht in etwa 4,7 % Alc. Vol.) gewinnen. Will man also etwa 20 l gewinnen, müssen mindestens 4 kg Malz eingemaischt werden. Die hier vorgestellten Rezepte sehen Schüttungen (einzumaischende Malzmischungen) von mindestens 4,5 kg vor, damit nachher die Stammwürze durch Zufügen von Wasser noch genau eingestellt werden kann.

Sollten von vornherein Gefäße mit anderem Volumen benutzt werden, müssen die Mengenangaben entsprechend umgerechnet und angepasst werden. Eine genauere Einstellung der Stammwürze und damit endgültige Bestimmung der Biermenge lässt sich immer noch durch längeres Würzekochen bzw. durch Auflängen vor der Gärung erreichen.

4.1 Die Vorbereitungen

Zu aller erst muss geklärt werden, wo gebraut wird.
Erfolgt der Brauvorgang in einem in Deutschland be-
findlichen Haushalt, so ist er dem zuständigen **Hauptzollamt** anzuzeigen. Ja, man glaubt es kaum, aber so
ist es. Die **Anmeldung** ist in der Regel unkompliziert und
funktioniert bei mir per e-mail (Adresse kann man beim
Zollamt erfragen). Ich gebe zu Jahresbeginn mein Vor-
haben bekannt und die voraussichtliche herzustellende Jahresmenge an. Am Jahresende melde ich dann
dem Hauptzollamt meine im abgelaufenen Jahr tat-
sächlich hergestellte Biermenge. Sinn und Zweck besteht in der Besteuerung der Bierproduktion wenn 200 l
überschritten werden oder das Bier außer Haus geht.
Feten oder Geschenke stellen da weniger ein Problem
dar, es geht wohl darum kommerzielle Unternehmung-
en entsprechend zu besteuern. Im Klartext heißt das,
wer im Jahr weniger als 200 l Bier für den Eigenbedarf
braut, zahlt keine Steuern. Anmelden muss er aber
trotzdem.

Außerdem sei betont, dass das für mich zuständige
Hauptzollamt sehr unkompliziert mit meinen Brauan-
zeigen umgeht. Es gibt aber auch Hobbybrauer, die
zeitnah und genau jeden Sud anmelden müssen. Ver-
einzelt soll es auch schon zu Hausbesuchen vom Zoll
mit entsprechender Besichtigung der Brauanlagen
und Vorlage der Brauprotokolle gekommen sein. Auch
hier gilt: (Vortäuschung von) Unwissenheit schützt nicht
vor Strafe.

Parallel zur Anmeldung sollten aber auch schon die
Rohstoffe besorgt werden. Gut sortierte Brauereibe-
darfsgeschäfte gibt's leider nicht an jeder Ecke. Der
Internethandel (Adressen in Kapitel 5) hat sich hier als

sinnvolle Alternative zu zum Teil extrem langen Ein-
kaufsfahrten etabliert. Nachteilig sind natürlich die an-
fallenden Versandkosten (Malz ist nun mal schwer),
wer aber lange Wege hätte, kann ja mal die Fahrt-
kosten ausrechnen. Wer eine Brauerei in der Nähe hat,
sollte auch dort mal nachfragen. Oft zeigen sich
Braumeister an Heimbrauversuchen interessiert (nicht
wenige haben ihr Hobby zum Beruf gemacht) und
geben Rat (und manchmal auch Rohstoffe zum
Selbstkostenpreis weiter). Ein Versuch lohnt.

Bei der Vorbereitung sollte auch noch mal das
Material auf seine Vollständigkeit untersucht werden
und Lücken sollten zügig geschlossen werden.

Kurz vor dem Brauvorgang ist die **Hefe** (wenn keine
Trockenhefe verwendet wird) noch herzuführen bzw.
zu **inkubieren**.

Die **Brauutensilien** sind zu **säubern** und desinfizieren.
Das gilt vor allem für die Teile, die mit dem Bier noch
nach dem Hopfenkochen in Berührung kommen.
Sauber sollte die Brauumgebung natürlich grundsätzlich sein, das über eine Stunde dauernde Kochen der
Würze tötet aber alle unter Umständen in den Sud
gelangten Bakterien ab. Danach aber ist auf penibel-
ste Reinlichkeit zu achten. Mangelhafte Hygiene führt
zu Gärproblemen und/oder geschmacklichen Fehl-
entwicklungen beim fertigen Bier. Hier ist dann keine
Rettung mehr möglich, der Sud ist für den Gully.

Gleiche Reinheitsvorschriften sollten deswegen auch
für die Behältnisse gelten, in die das Bier abgefüllt wird.
Flaschen sollten möglichst unmittelbar nach Ent-
leerung mit heißem Wasser ausgespült werden. Wer
mal gesehen hat, was sich in einer Flasche bildet,

wenn man sie einfach ein paar Wochen mit einem Restschluck in die Ecke stellt, wird hierin kaum noch sein eigenes Bier abfüllen wollen. Stärkere Verunreinigungen lassen sich mit einer Flaschenbürste entfernen. Wer Wert auf absolute Keimfreiheit legt, stellt die Flaschen bei 100 °C für 5 Minuten in den Backofen. Bitte keine Wegwerfflaschen benutzen, da diese deutlich schneller zu springen drohen.

Für Fässer gilt im Übrigen das gleiche (vom Backofen abgesehen). Wer ein handelsübliches Partyfass (5 l Fassungsvermögen) der Marke XY wiederbefüllen möchte, kauft am besten eins ohne Auslaufhahn. Abgesehen davon, dass das in Glas gedröppelte Bier ohnehin nicht besonders schmeckt, ist der ungereinigte (wie auch reinigen?) Plastikschlauch eine willkommene Einladung für Fremdbakterien aller Art. Für wenig Geld kann man neutrale Partyfässer zur Wiederverwendung (einschließlich Verschluss) erwerben und eine kleine CO_2-Zapfanlage (ohne Kühlung) kostet inzwischen auch keine 20 Euro mehr. Mit einem Zapfdegen mit Handpumpe liegt man kostentechnisch bei der Hälfte.

Wenn alles vorbereitet ist, kann der eigentliche Brauvorgang beginnen. Am Anfang steht die Gewinnung von Zucker aus dem Malz durch den Prozess des Maischens.

4.2 Das Maischen und Läutern

Als Maischen wird das Vermischen von geschrotenem Malz und Brauwasser sowie die Erhitzung in mehreren Temperaturstufen bezeichnet. Hierbei können zwei Verfahren grundsätzlich voneinander unterschieden werden: Das **Kesselmaischverfahren** (Infusionsver-

fahren) und das **Bottichmaischverfahren** (Dekok-
tionsverfahren).

Während beim Kesselmaischverfahren der Kessel samt
seines Inhaltes erhitzt wird (z.B. beim Einkocher) erfolgt
beim Bottichmaischverfahren die Erhitzung der
Maische durch Kochen und Zufügen einer vorher ent-
nommenen Teilmaische. Das heißt, beim Bottichmaischverfahren benötigt man keine Gefäße, die eine
Temperaturerhöhung von außen mitmachen, sondern
es kann auf Behälter zurückgegriffen werden, die den
Temperaturen lediglich „von innen" standhalten.

Unterschieden wird ferner zwischen Maischverfahren,
die nur einmal eine Teilmaische kochen und wieder
zugeben und solchen, die das Ganze zwei oder drei
Mal wiederholen. Treffenderweise werden diese
Prozesse als **Ein-, Zwei-** und **Dreimaischverfahren**
bezeichnet. Eine Variationsmöglichkeit besteht darin,
die erste Teilmaische durch kochendes Wasser zu
ersetzen. Der erste Guss, in den das Malz eingemaischt
wird, muss dementsprechend niedriger angesetzt
werden, damit der Sud insgesamt nicht zu umfang-
reich und „dünn" wird. Bei den jeweiligen Rezepten
sind die Varianten deutlich beschrieben.

Wir machen uns das Bottichmaischverfahren zu eigen
und setzen zwei stabile und ineinander stapelbare
Kunststoffkisten (lebensmittelecht, am besten PP oder
PE) ein, die wir z.B. im Baumarkt vorher besorgt haben.
Das Volumen sollte 30 l nicht unterschreiten. Ferner ist
darauf zu achten, dass der Abstand des oberen zum
unteren Kistenboden möglichst gering ist und wenige
Zentimeter nicht überschreitet. Das gilt umso mehr, je
größer die Grundfläche ist. Wichtig ist, dass sich
zwischen den beiden Böden nicht viel Wasser

sammeln darf. Gegebenenfalls ist bei den Rezepten, die die erste Temperatursteigerung mit kochendem Wasser erzielen wollen, die erste Wassermenge zu erhöhen und das kochende Wasser durch eine gekochte Teilmaische zu ersetzen.

Die erste (obere) Kiste wird im mittleren Boden-bereich mit 30 schmalen 1 cm langen Schlitzen oder mindestens 50 Löchern (kleiner Bohrer, am besten 3 mm) versehen. Wenn Sie sich für Löcher entschei-den, bohren Sie diese nicht zu nah beieinan-

Das fertige Kistensystem (hier mit Auslaufhahn)

der, da die Kiste sonst reißen kann. Die untere Kiste sollte sinnvollerweise isoliert werden, um die Tempera-turen länger bzw. konstanter halten zu können. Für we-nige Euro sollten deswegen im Baumarkt direkt Styro-porplatten (ab 3 cm Dicke) und Montagekleber mit-gebracht werden. Die Kanten sollten am besten mit kräftigem (Gewebe-)Klebeband abgeklebt werden. Hier bröselt der geschnittene Styropor sonst gerne weg.

Ineinander gesteckt stellen die beiden Kisten jetzt unseren Maischebottich mit eingebautem Läuter-boden dar.

Zuerst geben wir 22 l Wasser (Hauptguss) mit einer Temperatur von 60 °C ein und rühren dann unsere Malzschüttung (2,5 kg Wiener Malz und 2,5 kg Münchener Malz) unter (= **Einmaischen**). Nachdem sich das geschrotene Getreide mit dem Brauwasser vermengt hat, sollte die Temperatur bei etwa 52 °C liegen. Wenn keine Klumpen oder Verklebungen mehr erkennbar sind,

Einmaischen

entnehmen wir der Masse 7,5 l. Diese Teilmaische, die aus einem möglichst gut gemischten Verhältnis von

Kochende Teilmaische

Wasser und Malz bestehen sollte, bringen wir in einem separaten Topf langsam zum Kochen und geben sie als sogenannte **Kochmaische** (Dekoktion) frühestens nach einer Viertel Stunde Ruhe der Restmaische wieder zu.

In der Zwischenzeit wie auch im weiteren Verlauf sollten Sie das sich in der unteren Kiste befindliche

Wasser (etwa 2-3 l) in ein Gefäß ablaufen lassen und oben wieder zugeben. Dadurch wird das Malz gut gespült und die Ausbeute erhöht sich. Wiederholen Sie diesen Vorgang mindestens alle 15 Minuten.
Das Ruhen der Maische bei etwa 50 °C wird als **Eiweißrast** bezeichnet. Durch die insgesamt hohe Güte der heute erhältlichen Malze wird ein langes Rasten in dieser Temperaturstufe als nicht mehr notwendig betrachtet.

Die zu entnehmende Teilmaische wird nach folgender vereinfachter Formel berechnet:

Teilmaische = (Wasser + Schüttung) x (Zieltemperatur – Ausgangstemperatur) : (95 – Ausgangstemperatur)

Für unser Beispiel heißt das:
7,63 l = (22 + 5) x (64 – 52) : (95 – 52)

Die Formel müsste eigentlich noch die Masse des Behälters mitberechnen, da der ja ebenfalls Wärme aufnimmt (in der Physik als thermische Masse bezeichnet), dies spielt bei uns aber eine untergeordnete Rolle und wird zudem dadurch ausgeglichen, dass die Schüttung nicht mit ihrer niedrigeren Dichte (etwa x 0,75) verrechnet wird.

Die Maische sollte nach dem Zufügen der ersten Kochmaische eine Temperatur von etwa 64 °C aufweisen. Ein wenig mehr lässt sich durch längeres Einrühren reduzieren. Ansonsten können hier ein bis zwei Grad mehr ohnehin verkraftet werden, da im Laufe der kommenden Rast die Temperatur wieder etwas (ohne Isolierung der Behälter wesentlich schneller) sinkt. Sollten sich aber Werte entwickeln, die deutlich darunter liegen, kann durch Zugabe kochenden Wassers hier noch mal korrigiert werden (je Grad etwa 0,5 l kochendes Wasser).

Nun ruht die Maische ½ Stunde (= **Maltoserast**). In dieser Zeit findet die sogenannte β-**Amylase** statt. Die Stärke des Malzes wird in vergärbaren Zucker (bei dieser Temperaturstufe hauptsächlich Maltose) verwandelt.

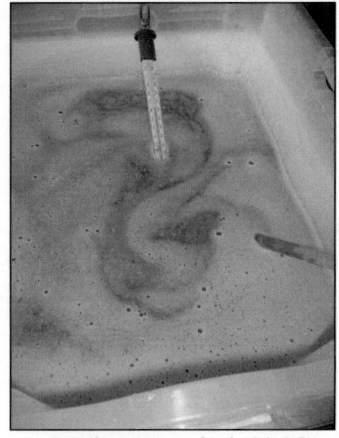

Maltoserast bei 64 °C

In der Zwischenzeit entnehmen wir 9,5 l Maische und kochen diese langsam (nach Möglichkeit mit Verzuckerungspause bei 70 °C) auf. Nach der halbstündigen Maltoserast der Restmaische geben wir die Kochmaische wieder zu und erreichen eine Maischtemperatur von 75 °C. In der nun folgenden 45 Minuten dauernden **Verzuckerungsrast** findet die α-**Amylase** statt. Die im Malz verbliebene Stärke wird weiter in Zucker verwandelt (diesmal vornehmlich unvergärbare Dextrine).

Unvergärbare Zucker können im Gegensatz zu Maltose nicht durch die Hefe in Alkohol und Kohlensäure umgewandelt werden. Da Maltose im Gegensatz zu den jetzt entstehenden Zuckern durch die Hefe gut vergärt werden kann, bestimmt die Dauer der

> **Praxistipp:**
> Wer lieber herb-trockene Biere mag verlängert dementsprechend die Maltoserast. Um dagegen einen malzigen Charakter zu erzielen sollte die Maltoserast kurz gehalten werden. Für den Anfänger empfiehlt sich vorerst eine Orientierung an den Rezepten, um ein Gespür für die unterschiedlichen Biertypen zu bekommen.

Maltoserast auch das Verhältnis von vergärbaren und nichtvergärbaren Zuckern. Je mehr Maltose hergestellt wird, desto weniger Stärke steht zur Umwandlung in unvergärbare Zucker zur Verfügung. Und umgekehrt: Je weniger Maltose aus dem Malz herausgelöst wird, desto mehr unvergärbare Zucker sind noch aus der Stärke herauszuholen. Die Menge des unvergärbaren Zuckers entscheidet maßgeblich über den sogenannten **Endvergärungsgrad** (also der Punkt, an dem die Hefe nicht mehr vergären kann). Je höher der liegt, desto mehr wird im Bier auch eine Restsüße bzw. Malznote wahrgenommen. Wenn der Restextrakt dagegen niedrig ist, wird das Bier als eher trocken empfunden.

Die Maltoserast bei der hier beschriebenen Herstellung von Klosterbier ist daher eher kurz angesetzt. Für die Kloster- und Abteibiere ist eine relativ hohe Restsüße gewünscht, der malzige Geschmack trägt zur Annäherung an den abzubildenden Biertyp bei. Durch eine gute Hopfengabe kann aber auch ein schöner Gegensatz erzeugt werden, das Bier wird voll und ausgewogen.

Nach der ¾ Stunde Verzuckerungsrast erfolgt eine **Jodprobe**. Dazu entnimmt man der Maische eine kleine Probe (Esslöffel reicht) und gibt ihn auf eine farbneutrale Unterlage (hier haben sich weiße Untertassen bewährt). Auf die Probe wird nun am besten mit einer Pipette ein Tropfen der Jodlösung gegeben. Jod eignet sich dazu, den Grad der Verzuckerung durch farbliche Abstufungen anzuzeigen. Wenn sich das Jod rot-bläulich einfärbt, hat noch keine (vollständige) Verzuckerung stattgefunden. Färbt sich das Jod gelblich (passt sich also der entnommene Maische farblich an), ist der Verzuckerungsprozess abgeschlossen.

Es kann abgeläutert werden, da keine weitere Stärke abgebaut werden kann. Die Jodprobe ist durch nichts zu ersetzen und findet auch noch in professionellen Sudhäusern Anwendung. Auch Sie sollten nicht auf sie verzichten, da Ihre Maische ansonsten in Gefahr läuft nicht vollständig zu verzuckern. Und was nicht verzuckert, kann auch später nicht durch Hefe in

Jodprobe ohne Verfärbung

Alkohol bzw. Kohlensäure umgewandelt werden. Da sich in dem hier beschriebenen Verfahren die festen Malzbestandteile (**Treber**) während der Verzuckerungsrast schon am Boden abgesetzt haben, kann direkt mit dem **Abläutern**, also der Trennung von festen und flüssigen Bestandteilen der Maische, begonnen werden. Sollten Sie den unteren Behälter mit einem Auslaufhahn versehen haben, öffnen Sie diesen vorsichtig und lassen die (Vorder-)**Würze** langsam in den Topf fließen, den Sie zum Hopfenkochen verwenden möchten (=Würzepfanne). Bei einem vorhandenen Einkocher können Sie diesen schon anheizen,

Abläutern der Vorderwürze

wenn er wenige Zentimeter mit Flüssigkeit gefüllt ist. Damit verkürzt sich die Zeit, die die große Menge benötigt um zum Kochen gebracht zu werden.

Für dieses Bier arbeiten wir mit einer zweifachen Hopfengabe. Die erste Gabe (20 gr. Hallertauer Tradition, ca. 5 % α) wird vorgelegt, das heißt sie befindet sich schon in der Würzepfanne (Einkocher). Näheres zur Hopfung folgt in Kapitel 4.3.

Falls Sie über keinen Auslaufhahn verfügen, heben Sie die obere Kiste vorsichtig heraus und stellen sie quer wieder auf die untere. Die Löcher im Läuterboden sollten daher in der Mitte ausgeführt sein. Hierhin wölbt sich ohnehin der Boden, der tiefste Punkt führt folglich am längsten Flüssigkeit. Beim Querstellen sollte aber vor allem nichts neben den unteren Behälter fließen. An den Seiten entsteht nun Rand um mit Hilfe des Schlauches die Würze in das Kochgefäß überzuleiten.

Bitte saugen Sie nicht mit dem Mund an. Das führt bei Kontakt nicht nur zu einer Verunreinigung der Würze, sondern auch zu unangenehmen Verbrennungen (72 °C!). Füllen Sie den Schlauch lieber gut zur Hälfte mit Wasser, drücken ihn zu und öffnen ihn erst wieder, wenn Sie ihn mit der einen Seite in die Würze (Wäscheklammern helfen zur Fixierung) und die andere Seite ins tiefer stehende Kochgefäß halten. Der durch das ausfließende Wasser entstehende Unterdruck saugt die Würze nun an. Zu achten ist auf einen dauerhaften Würzespiegel, der Schlauch darf nicht „trocken laufen".

Wenn Ihnen das alles zu schwierig erscheint, können Sie natürlich auch warten bis die Würze komplett aus dem Läutergefäß ins untere Gefäß gelaufen ist und dann umschütten. Sie verlieren dabei nichts außer ein bisschen Zeit und ein paar Grad, die Sie später wieder hoch heizen müssen.

Die Würze läuft nun leider nicht so aus, dass der Treber anschließend trocken ist. Vielmehr behält er einen nicht zu unterschätzenden Anteil an Flüssigkeit (über

Anschwänzen des Trebers

einen Liter pro kg Malz) und damit auch wertvolle gelöste Zucker, die unserem zukünftigen Bier verloren gingen. Um dem entgegen zu wirken muss der Treber ausgewaschen werden. Dies bezeichnet man für gewöhnlich als

Anschwänzen oder Aussüßen und geschieht mit dem sogenannten **Nachguss**. Auf etwa 78 °C vorgeheiztes Wasser (für unser Klosterbier benötigen wir 12 l) wird in kleinen Gaben auf den Treber gegeben, bevor dieser trocken läuft, der Würzespiegel also tiefer liegt als die Malzoberfläche.

Am besten macht man das mit einem handelsüblichen Schaumlöffel, über den man den Nachguss auf den Treber gibt. Manche Hobbybrauer legen auf den Treber ein

> **Praxistipp:**
> Um dem Treber noch etwas mehr Würze abzugewinnen, kann man ihn mit einem Kartoffelstampfer noch ein wenig verdichten.

kleines Küchenbrettchen oder den Deckel eines kleinen Plastikdöschens, das sonst Aufschnitt oder Käse beherbergt (vorher desinfizieren!). Wichtig ist in jedem

Fall, dass das Wasser nicht als Strahl auftrifft, da ansonsten Risse im Treber entstehen und der Nachguss hindurchläuft ohne die gesamte Restsüße auszuspülen.

Eine interessante Variante ergab sich als ich bei einem Sud vergaß den Nachguss rechtzeitig aufzuheizen. Nachdem die Vorderwürze nahezu komplett ausgelaufen war (das Wasser zum Anschwänzen war vorher noch nicht heiß genug), unterbrach ich den Läutervorgang, beließ den Treber im Kistensystem und versetzte es wieder in seinen ursprünglichen Zustand. Mit dem Nachguss verfuhr ich wie mit einem zweiten Einmaischen. Das Malz wurde mit dem heißen Wasser noch mal gut durchgerührt und nach kurzer Phase des Sedimentierens erneut abgeläutert. Der Stammwürze und Bierqualität ist dieses Verfahren nicht abträglich, braucht aber ein wenig mehr Zeit.

Nun ist es an der Zeit einen ersten Eindruck vom Gehalt unserer Würze zu bekommen. Dazu ermitteln wir mit der **Bierspindel** den sogenannten **Stammwürzegehalt**. Er sagt im Grunde nichts anderes aus als den Anteil gelösten Zuckers, der im Verhältnis zu gewöhnlichem Wasser die Dichte der Würze erhöht. Je mehr Zucker sich beim Maischen gebildet hat, desto schwerer wird ein Liter Würze. Der Spindelwert wird in Grad Plato (°P) angegeben. Ein Bier wie unseres mit einem Stammwürzegehalt von 13 °P hat je Liter 13 Anteile Zucker und 87 Anteile Wasser. Je mehr Zucker, desto schwerer wird das Bier. Die Dichte erhöht sich. Das heißt im Umkehrschluss, je höher der Stammwürzegehalt ist, desto mehr Zucker befindet sich in der Würze, der später zu Alkohol vergoren werden kann.

Gewöhnliches Vollbier hat einen Stammwürzegehalt zwischen 11 und 14 °P, bei über 16 °P spricht man von

Bock (oder international von Starkbier), bei über 18°P von Doppelbock.

Bestimmen Sie nun erstmal den Stammwürzegehalt der Vorderwürze. Entnehmen Sie dazu der Würze mit einer desinfizierten Saucenkelle eine Probe, die den Messzylinder etwa zu 2/3 füllt. Bierspindeln sind für gewöhnlich auf 20 °C geeicht. Bei abweichenden Temperaturen verändert sich die Dichte, der Stammwürzegehalt wird dann verfälscht wiedergegeben. Bei höheren Temperaturen sinkt der gemessene Stammwürzegehalt, bei niedrigen (bis 4 °C) steigt er leicht. Bestimmen Sie darum zuerst die Temperatur. Sie dürfte in der Regel bei etwa 50 °C liegen, was allerdings bei abweichender Läuterzeit und Umgebungstemperatur auch deutlich abweichen kann. Für Würze, die im Bereich von 10 – 16 °P liegen soll, gilt die Faustregel: Je 10 Grad Differenz zur Spindelbezugstemperatur von 20 °C sind etwa 1 °P zuzurechnen. Genaueres entnehmen Sie bitte der angefügten Umrechnungstabelle.

Wir gehen nun davon aus, dass unsere Würze eine Temperatur von etwa 50 °C hat, was bedeutet, dass wir 3 °P der gemessenen Stammwürze zurechnen dürfen. Wir messen etwa 9 °P und kommen so auf 12 °P. Damit ist alles in Ordnung, da beim folgenden Würzekochen noch Wasser verdunstet und der Stammwürzegehalt noch steigt.

Sollten Sie deutlich unter 12 °P bleiben sind beim Maischen Fehler aufgetreten. Ein Auspressen des Trebers könnte hier noch helfen. Liegen Sie deutlich darüber geben Sie beim Aufheizen der Würze im Rahmen des Hopfenkochens ein bis zwei Liter kochendes Wasser dazu. Kleinere Abweichungen sind durchaus normal und unproblematisch. Eine genaue Einstellung der Stammwürze erfolgt noch nach der Würzekühlung, also bevor die Hefe zugegeben wird.

Während die Würze jetzt Grundlage des weiteren Brauverfahrens ist, findet der Treber keine Verwendung mehr und wird für gewöhnlich weggeschmissen. Das tut weh und kann zumindest zum Teil durch die Herstellung eines köstlichen Treberbrotes umgangen werden. Hier das Rezept:

- 500 gr. Treber
- 500 gr. Weizenmehl
- 1 Tütchen Backhefe
- I TL Salz
- nach Bedarf dunkles Bier

Die Hefe zuerst in etwas Bier (Zimmertemperatur!) einrühren und kurz stehen lassen. Dann mit dem Treber und dem Mehl vermengen und soviel Bier zugeben, bis Sie einen festen aber geschmeidigen Teig haben. 30 Minuten gehen lassen, danach nochmals durchkneten und auf einem mit Backpapier ausgelegtem Backblech zu einem Laib formen. Nach 10 Minuten Ruhephase den Teig in den kalten Ofen geben, dann auf 220 °C aufheizen. Das Treberbrot einschneiden und etwa 40 Minuten (je nach gewünschtem Bräunungsgrad) backen. Am besten schmeckt es frisch mit guter Butter!

4.3 Das Hopfenkochen und Filtern

Über den Zeitpunkt der Hopfengabe entscheidet die Rezeptur bzw. der persönliche Geschmack.

Neben der Hopfenart (Aroma- bzw. Bitterhopfen) ist der Zeitpunkt der Zufügung des Hopfens zur Würze wichtig. **Aromahopfen** sollte entweder vorgelegt (also schon im Kochgefäß sein, wenn die Würze hineinläuft) oder kurz nach dem Ende des Kochens aber noch vor dem Abseihen gegeben werden. Die Hopfung der Vorderwürze betont das Hopfenaroma (Geschmack), die Hopfengabe am Schluss betont zusätzlich die „Nase", also den Geruch des Bieres.

Die **Bitterhopfung** erfolgt in der Regel nachdem die Würze zu kochen begonnen hat. Je länger die Würze mit dem Hopfen kocht, desto mehr α-Säuren werden aus dem Hopfen gelöst und gehen als Geschmackstoff ins Bier ein. Nach 60 Minuten Kochzeit baut die Ausnutzung der Bitterstoffe

> ### *Praxistipp:*
> Einen besonders feinen, wenig bitteren Hopfenge-schmack erzielt man durch das sogenannte Hopfen-stopfen. Dazu wird nach dem Würzekochen dem vergärenden Bier (meist in einem Hopfensäckchen) noch zusätzlich Hopfen zugegeben.

aber merklich ab. Ich empfehle daher ein einstündiges Hopfenkochen (statt der ansonsten meist vorge-schlagenen 90-minütigen Dauer).

50 gr. Hopfenpellets

Für unser Klosterbier be-nötigen wir 50 gr. Haller-tauer Tradition. Der Hopfen wird in zwei Portionen gegeben. Die erste Hälfte wird wie in Kapitel 4.2 schon be-schrieben vorgelegt. Die abfließende Würze trifft also schon im Koch-gefäß auf 25 gr. Hopfen.

Wenn möglich (z.B. bei einem Einkocher) heizen Sie schon während des Ablaufens der Würze auf. Es dauert für gewöhnlich eine Zeit bis die Würze anfängt zu kochen. Dabei steigen Hopfenrückstände und Eiweißausflockungen an die Oberfläche. Achten Sie darauf, dass der Topf möglichst nicht ganz geschlossen ist, damit die zum Teil recht streng riechenden Dämpfe ausgeschieden werden. Das Würzekochen dient nicht nur dem Auflösen der Hopfenbestandteile, sondern auch zur Sterilisation.

Nachdem die Würze angefangen hat zu kochen kann die zweite Hopfengabe erfolgen, die nun stärker der Bitterung des Bieres dient. Geben Sie also die restlichen 25 gr. dazu und kochen Sie die Würze 60 Minuten. Schalten Sie dann die Wärmezufuhr ab und lassen Sie die Würze einige Minuten stehen, damit sich die Hopfen- und Eiweißrückstände am Boden absetzen können.

Vor Kochende empfiehlt sich noch mal die Bestimmung der Stammwürze. Das Verfahren ist das gleiche wie das in Kapitel 4.2 vorgestellte. Der Stammwürzegehalt sollte bei etwa 13 °P liegen. Bei Abweichungen kann er durch längeres Kochen der Würze (Verdunstung von Wasseranteilen) noch geringfügig erhöht, durch Zugeben von Wasser (nach dem Abseihen) beliebig reduziert werden.

Nun beginnt das **Hopfenseihen**, die Abscheidung der klaren Würze von den Hopfenrückständen. Dieser Vorgang wird als **Heißtrubabscheidung** bezeichnet und sollte durchgeführt werden, solange die Würze noch heiß ist. Im kalten Zustand ist die süße Flüssigkeit deutlich mehr für Infektionen empfänglich.

Unser Bier holen wir mit einem Messbecher (mindestens 1 Liter Volumen) aus dem Kochgefäß und gießen es in den durch ein sauberes Tuch abgespannten Gärbehälter. Wenn es aufgrund der Oberflächenmaße nicht möglich ist, können Sie sich mit

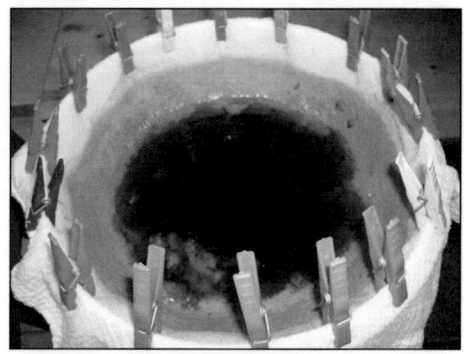

Heißtrubabscheidung beim Gärfass

einem Sieb behelfen, dass Sie mit Küchenpapier auslegen, welches Sie bei Verstopfung durch neues ersetzen. Dieser Vorgang sollte möglichst schnell (in etwa 30 Minuten) abgeschlossen sein.

Die Würze ist nun auf Zimmertemperatur runter zu kühlen. Da ich für gewöhnlich abends braue, lasse ich den Sud zum Schutz vor Infektion gut verschlossen über Nacht draußen stehen.

Wem das zu lange dauert und wer über das nötige Budget verfügt, kann selbstverständlich einen professionellen Würzekühler einsetzen. Dabei handelt es sich um eine meist aus Kupfer gefertigte Rohrspirale, die zur Sterilisation die letzten Minuten mitgekocht wird und durch die dann kaltes Leitungs- bzw. Brunnenwasser fließt bis die Würze die für die Hefezuführung geeignete Temperatur erreicht hat. Ich persönlich habe dieses Gerät noch nicht vermisst. Um die Vergeudung kostbaren (Leitungs-)Wassers zu reinen Kühlungszwecken täte es mir im Übrigen leid.

4.4 Die Gärung

Eingerührte Hefe

Nachdem die Würze nun auf etwa 20 °C runtergekühlt ist, beginnt der zweite biologische Prozess, die **Vergärung** des Zuckers und damit die Produktion von Alkohol und Kohlensäure.

Die Hefe (in unserem Fall Trockenhefe) wird dazu in 100 ml Würze bei Zimmertemperatur einige Minuten lang eingeweicht. Anschließend wird sie mit einem sterilen Löffel vorsichtig verrührt. Erst dann kann sie mit dem Wasser vorsichtig vermischt werden, bis sich eine schlammartige Masse ergibt. Beachten Sie bitte die Rehydrierungsvorgaben des jeweiligen Anbieters. Hier sind Abweichungen möglich.

Flüssighefe von White Labs können Sie sofort zum Einsatz bringen. Arbeiten Sie mit Flüssighefe des Herstellers WYEAST inkubieren Sie diese bitte mindestens zwei Tage vorher. Der Beutel muss prall aufgebläht sein bevor die Hefe der Würze zugeführt werden kann. Mit den Hefen werden in der Regel auch Anleitungen verschickt, die den Vorbereitungsprozess detailliert beschreiben.

Sind die Vorbereitungen abgeschlossen desinfizieren Sie den Ausguss des Gefäßes oder Beutels (WYEAST-Flüssighefe) und gießen die Hefe unter vorsichtigem Rühren in den Sud. Diesen Vorgang bezeichnet man als Anstellen. Hefe benötigt für ihre Aktivität Sauerstoff. Ein kräftiges und langes Aufgießen des jetzt mit Hefe beimpften Sudes mit einer desinfizierten Saucenkelle hilft dementsprechend der Hefe anzukommen. Auch danach ist das Gärgefäß deshalb nicht luftdicht abzuschließen. Bei offener Gärung sollte aber eine (luftdurchlässige) Abdeckung vorgenommen werden, um ein Eindringen von Fremdkörpern oder Insekten zu verhindern.

Wenn Sie das Kistensystem mit Deckeln gekauft haben, empfiehlt es sich, einen Deckel mit ein paar Belüftungslöchern zu versehen oder leicht schräg aufzulegen. Sollten Griffmulden vorhanden sein, reichen diese zur Belüftung völlig aus. Haben Sie keinen Deckel eignet sich alternativ auch ein sauberes Tuch zum Abdecken.

Nach etwa einem Tag sollte die Gärung angekommen sein. Kleine **Schaumbläschen** zeigen an der

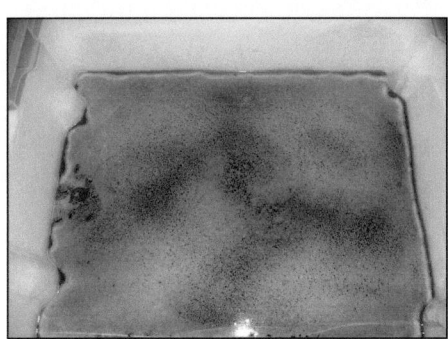
Ankommen der Gärung

Oberfläche die beginnende Vergärung an. Nun ist es Zeit, den Sud für die Hauptgärung auf optimale Temperatur zu bringen. Für unser obergäriges Klosterbier sind das etwa 20 °C. Untergäriges Bier sollte hingegen deutlich kühler (bei etwa 10 °C) vergären. Um den Abfüllzeitpunkt bestimmen zu können entnehmen wir nach Ankommen der Gärung noch eine sogenannte **Schnellvergärungsprobe**. Dabei entnehmen wir dem Sud über Auslaufhahn oder mit desinfizierter Saucenkelle wieder soviel, dass der Messzylinder zu 2/3 gefüllt ist.

Schaumberge

Die Gärung verläuft nun rasch und heftig (bei untergärigen Bieren dauert die Vergärung deutlich länger und ist aufgrund der nach unten sinkenden Hefen nicht so deutlich wahrnehmbar). Es bildet sich bei obergärigen Bieren eine geschlossene **Schaumkrone**, die in ihren Spitzen beige-braune Ausprägungen annehmen kann. Hierbei handelt es sich um Reststoffe vom Hopfen, die noch nach oben getrieben werden. Sie können mit einem Schaumlöffel abgeschöpft werden. Ansonsten verläuft die Gärung ohne großes Zutun.

Vergärungsprobe

In wenigen Tagen (bei obergärigen Bieren manchmal schon nach einigen Stunden) klingt die Gärung ab und die Schaumdecke fällt zusammen. Sie soll aber nicht ganz abschließen, denn wir benötigen noch die **Nachgärung**, damit sich in den Flaschen genügend aber auch nicht zu viel Kohlensäure für ein spritziges Bier bildet.

Der Zeitpunkt des Abfüllens wird folgendermaßen ermittelt: Kurz nachdem die Gärung angekommen ist füllen Sie bitte eine Probe zum Spindeln wie bereits beschrieben ab. Diese Probe ist ein bisschen wärmer zu stellen und regelmäßig aufzuschütteln, damit die Kohlensäure schneller entweichen kann. Sie vergärt durch die höhere Temperatur und durch das Aufschütteln schneller und wird deswegen auch als Schnellvergärungsprobe bezeichnet. Sie bleibt bei einem Wert stehen, der dann den unvergärbaren (Rest-)Extrakt des Bieres anzeigt. Unser Klosterbier wird bei 3,0 – 3,5° P die weitere Vergärung einstellen. Der genaue Wert ist bei der Schnellvergärungsprobe zu spindeln.

Nun brauchen wir für die Anreicherung mit Kohlensäure noch vergärbare Anteile bevor wir das Jungbier abfüllen. Wenn der Endvergärungsgrad bekannt ist, sollte die Hauptwürze gespindelt werden. Bei einem Wert, der etwa 0,5° P über dem gespindelten Wert der Probe liegt, sollten Sie abfüllen und das Fass bzw. die Flaschen luftdicht verschliessen.

Das hier beschriebene Verfahren wird als **Grünschlauchen** bezeichnet. Es setzt voraus, dass man mehr oder minder regelmäßig die Proben begutachten und gegebenenfalls direkt abfüllen kann. Möglicherweise hindert einen aber auch die Berufstätigkeit oder der nächtliche Schlaf daran, den optimalen Zeitpunkt zu erwischen.

Eine ebenso gute und verlässliche aber weniger zeitlich gebundene Alternative bietet die Versetzung des Jungbieres mit sogenannter **Speise**. Dazu füllen Sie bitte direkt nach dem Filtern (Heißtrubabscheidung) 10 % der Würze (bei uns gut 2 Liter) in drei gut gereinigte Wasserflaschen (0,75 l) aus Glas ab. Achten Sie darauf, dass die Würze noch heiß ist, damit sich noch eine sterilisierende Wirkung für die Flaschen entfaltet. Schließen Sie die Flaschen luftdicht ab und kühlen Sie diese in kaltem Wasser ab. Abschließend müssen sie für die Zeit bis zum Abfüllen in den Kühlschrank.

Das **Jungbier** kann nun **endvergären**. Geben Sie dann die zurückgehaltene Speise vorsichtig dazu, damit wieder genug zu vergärende Extraktanteile im Bier vorhanden sind, und füllen ab. In manchen Fällen verpasst man den Abfüllzeitpunkt und hat auch zuvor keine Speise abgezweigt. Dann hilft nur die Versetzung des Biers mit Zucker. Fügen Sie dazu je 0,5 l Bier einen gestrichenen Löffel Haushaltszucker zu. Dies wirkt für den wahren Biergenießer zwar als Frevel, kann aber durchaus praktikabel sein und ist für obergärige Biere sogar mit dem Reinheitsgebot vereinbar. Wer glaubt seinen Kater am nächsten Tag auf ein solches Bier schieben zu können, sollte zuerst noch mal die getrunkene Gesamtmenge und die gegebenenfalls gleichzeitig konsumierte Menge an Nikotin überdenken, bevor er das körperliche Leiden auf den vergorenen Zucker schiebt. Meine Erfahrungen sind jedenfalls alles andere als schlecht.

4.5 Das Abfüllen und die Reifung

Die Frage, worin abgefüllt werden soll, darf nicht erst aufgeworfen werden, wenn das Bier bereits vergoren ist. Weder Fässer noch Flaschen lassen sich in dem Umfang noch vorher genüsslich leeren. Sie stehen damit aber nicht nur vor weiteren Vorbereitungen sondern

Abfüllmöglichkeiten eines 20 l-Sudes

auch vor der Entscheidung, welches Gefäß Sie überhaupt zur Abfüllung Ihres Bieres benutzen wollen. Grundsätzlich eignen sich neben **Flaschen** auch **Fässer**.

Wenn Sie zuerst nicht in eine Kapselpresse (etwa 10 €) und (unbenutzte) Kronkorken investieren wollen, sollten Sie auf **Bügelflasche**n zurückgreifen. Diese gibt es wie die gewöhnlichen Flaschen auch in 0,33 l und 0,5 l-Ausführungen und sind ebenfalls (meist sogar mit höherem) Pfand belegt.

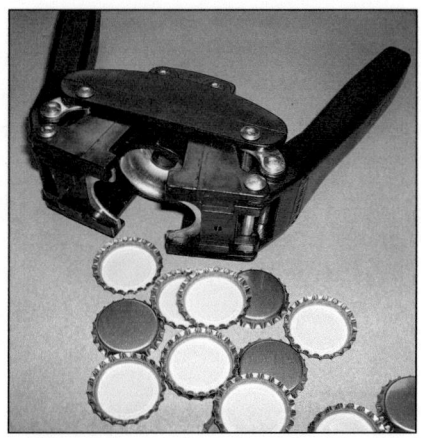

Alternative: Kapselpresse für 10 €

Nachdem Sie das Bier getrunken haben und somit vielleicht sogar in den Genuss eines bislang unbekannten Bieres gekommen sind, spülen Sie die Flaschen gründlich aus. Näheres wurde bereits in Kapitel 4.1 beschrieben. Die Gummidichtungen der Bügelflaschen kochen Sie bitte aus (10 Minuten) und erneuern Sie bei Gelegenheit (irgendwann werden sie spröde und undicht).

Bei Fässern haben sich **5 l-Partyfässer** bewährt. Für diese gibt es inzwischen für schmales Geld auch schöne und praktikable Zapfsysteme, die mit kleinen CO_2-Patronen betrieben werden. Auch hier gilt es bei der erforderlichen Reinigung Sorgfalt walten zu lassen.

Leiten Sie nun das „grüne" oder mit Speise versetzte Jungbier aus dem Gärbottich in die Gefäße. Wenn Sie über einen Auslaufhahn arbeiten, empfiehlt sich eine Verlängerung des Hahns mit einem Schlauch, so dass Sie den Boden des Gefäßes erreichen. Damit verhindern Sie eine unnötige Anreicherung des Bieres mit Sauerstoff. Wenn Sie ohnehin das Bier über ein Schlauchsystem ableiten, achten Sie darauf, dass das Schlauchende sich am Boden des zu befüllenden Behältnisses befindet. Das andere Schlauchende sollte dagegen nicht am Boden des Gärbottichs liegen, da sonst zuviel Ablagerungen und Hefe mit in die Flasche bzw. ins Fass gelangen. Auch beim Auslaufhahn ist darauf zu achten, insbesondere wenn Sie bei den letzten Flaschen den Gärbottich schräg halten, um möglichst wenig Jungbier übrig zu halten und wegkippen zu müssen.

Nun beginnt die **Nachgärung**. Der sich in den luftdicht abgeschlossenen Flaschen und/oder Fässern befindende Restextrakt wird durch die noch aktive Hefe vergärt und bildet die Menge an Kohlensäure aus, die das Bier braucht, um schön spritzig zu sein. Zur Nachgärung ist es deswegen wichtig, dass die vorherigen Gärtemperaturen für noch mindestens eine Woche gehalten werden. Unser Klosterbier bleibt also noch für 8-10 Tage auf Raumtemperatur. Danach wandert das Bier bei höchstens 4 °C in den Kühlschrank oder wenn sich andere Möglichkeiten bieten (z.B. im Winter) nach draußen, in den Keller oder in die Garage. Die niedrigen Temperaturen führen dazu, dass sich die durch die Nachgärung gewonnene Kohlensäure schön löst. Man spricht von der **Konditionierung** des Bieres. Gleichzeitig setzt sich die noch vorhandene Hefe am Boden ab, das Bier klärt langsam. Nach 4 – 6 Wochen ist das Bier gereift und trinkfertig.

4.6 Die Verkostung

Das nun beschriebene Ritual ist zweifellos eine Typ-Frage. Dennoch wird jeder Hobbybrauer die erste Flasche seines eigenen Bieres mit deutlich größerer Andacht und Konzentration trinken als ein gewöhnliches Flaschenbier zum Feierabend oder auf einer Party. Es ist eben doch etwas besonderes und wird dementsprechend auch besonders wahrgenommen und bewertet.

Folgende Kriterien können helfen das Bier in seinen Eigenschaften näher kennen zu lernen und damit auch Grundlagen für weitere Verbesserungen zu schaffen. Zuerst macht es Sinn, den Trinkvorgang in vier Schritte zu unterteilen, die ihre jeweils eigene Sensorik mit sich bringen.

Es versteht sich wohl von selbst, dass die optimale Bewertung eines Bieres in einem zuvor mit klarem Wasser kalt ausgespülten Glas am besten gelingt. Kenner schwören zur genaueren Beurteilung des Bieres auf eine nicht zu niedrige (über 10 °C) Temperatur. Hier geht es nicht um den Genuss (da kann ein Bier ja selten kalt genug sein), sondern um ein Höchstmaß an sensorischen Eindrücken, die es zu erfassen gilt.

Am Anfang steht die **Optik**. Ist das Bier farblich ansprechend, passt es zum Typ und entspricht es in etwa der Erwartung an die Zusammensetzung der Schüttung? Darüber hinaus gilt der Schaumentwicklung und Konsistenz besondere Aufmerksamkeit. Ist er kräftig ausgeprägt, feinperlig und von angemessener Beständigkeit. Ein Schaum, der sich schlecht entwickelt und zudem kurz nach dem Einschenken wieder verschwindet macht keinen guten Eindruck. Ein zu cremiger

Schaum „zum Löffeln" passt vielleicht zum Stout oder Porter, aber wohl kaum zu einem herben Pils.

Der zweite Eindruck gilt dem **Geruch**. Wohlriechend, hopfen-betont aber nicht scharf oder gar brenzlig sollte ein Bier daher kommen. Je nach Typ können auch fruchtige Komponenten (Weizen, Lambics) oder Röstaromen (Stouts, Porter, Schwarzbier) schon im Aroma bemerkbar sein. Schweiß- oder Käsegeruch weist auf mangelhafte Hygiene bei der Herstellung, Zahnarztgeruch auf zu hohe Temperaturführung hin.

Der erste Schluck benetzt Zunge und Mundraum, es entsteht ein prickelnder Eindruck eines frischen Bieres, die **Rezenz**. Zu geringe Kohlensäureentwicklung (zu spätes Abfüllen, zu wenig Speise, undichte Gefäße) lässt ein Bier schal erscheinen. Zu viel Kohlensäure (zu frühes Abfüllen, zu viel Speise) lässt das Bier entweder schon beim Öffnen der Flasche überschäumen oder im Mund ein aufgeregtes Gefühl eines kaum zu bändigendem Bieres entstehen. Zudem entwickelt sich beim **Antrunk** schon ein Gespür für die Vollmundigkeit des Bieres. Malzbetonte Sorten sollten hier folglich schon als solche erkennbar sein.

Der **Abgang** schließlich komplettiert einen ganzheitlichen Geschmackseindruck. Hier werden Malzsüße und Hopfenbittere in ihrem (bestenfalls ausgewogenen) Verhältnis wahrgenommen, der Charakter des Bieres wird deutlich. Insbesondere der trockene, herbe Charakter sollte hier – wenn erwünscht – deutlich spürbar sein. Zu bittere Biere lassen auf eine zu hohe, zu süße auf eine zu niedrige Hopfengabe oder mangelhafte Vergärung schließen.

Grundlegende und umfassende Geschmacksfehler (oft als unangemessene Säure durch Milch- oder Essigsäuren verursacht) sind meistens Anzeichen von Infektionen. Eine Überprüfung der Arbeitshygiene wäre angezeigt. Das Bier ist leider für den Gully.

4.7 Der Auftritt

Das Auge trinkt ja bekanntlich mit und so kann man natürlich auch den Auftritt des eigenen Bieres durch das Anfertigen eigener Etiketten noch professioneller gestalten. Insbesondere diejenigen, die ihr Bier zu verschenken gedenken, sollten sich Gedanken um eine schmucke Gestaltung des Labels machen.

Zwei eigene Etiketten

Wichtige Informationen sind neben Hersteller und Typenbezeichnung des Bieres, Abfülldatum und Stammwürzegehalt. Den gestalterischen Möglichkeiten sind bei ein wenig Kenntnis mit Foto- bzw. Bildbearbeitungsprogrammen keine Grenzen gesetzt.

5 Die Hilfen

5.1 Berechnungshilfe für Teilmaischen

Falls Sie andere Rezepte mit dem hier vorgestellten Verfahren brauen oder Abwandlungen in Schüttung und/oder Gussführung vornehmen möchten, verwenden Sie bitte folgende Formel:

Teilmaische (Kochmaische) = (Wasser + Schüttung) x (Zieltemperatur – Ausgangstemperatur) : (95 – Ausgangstemperatur)

5.2 Berechnung der Spindelkorrektur[1]

Die folgende Tabelle geht von einer Spindeleichung auf 20 °C aus. Messen Sie zuerst die Temperatur Ihrer Würze, danach die Stammwürze. Bleiben Sie in der Zeile und schauen in der 20 °C-Spalte nach, welche „echte" Stammwürze Ihre Würze bzw. Ihr Jungbier hat. Werte dazwischen sind zu mitteln.

0 °C	5 °C	10 °C	15 °C	20 °C	25 °C	30 °C	40 °C	50 °C	60 °C
8,7	8,6	8,5	8,3	8,0	7,7	7,3	6,5	5,3	4,1
9,8	9,6	9,5	9,3	9,0	8,7	8,3	7,5	6,3	5,0
10,8	10,7	10,5	10,3	10,0	9,7	9,3	8,5	7,3	6,0
11,8	11,7	11,6	11,3	11,0	10,7	10,3	9,5	8,2	7,0
12,8	12,7	12,6	12,3	12,0	11,7	11,3	10,4	9,2	8,0
13,9	13,7	13,6	13,3	13,0	12,7	12,3	11,4	10,2	9,0
14,9	14,7	14,6	14,3	14,0	13,7	13,3	12,4	11,2	10,0
15,9	15,7	15,6	15,3	15,0	14,7	14,3	13,4	12,2	11,0

---

[1] Die Tabelle ist eine Vereinfachung der Übersicht von Hanghofer. Vgl. Hubert Hanghofer, Bier brauen nach eigenem Geschmack. München – Wien – Zürich: BLV 1999, S. 121.

16,9	16,8	16,6	16,3	**16,0**	15,7	15,3	14,4	13,2	12,0
18,0	17,8	17,6	17,3	**17,0**	16,7	16,3	15,4	14,2	13,0
19,0	18,8	18,6	18,3	**18,0**	17,7	17,3	16,4	15,2	14,0

5.3 Berechnung der Hopfenausbeute

Bei einem Sud (12 °P) liegt die Bitterstoffausnutzung des Hopfens nach 60-minütiger Kochzeit bei etwa 25 %. Den in diesem Buch vorgestellten Rezepten liegt diese Erkenntnis zugrunde, hier sind keine Abweichungsberechnungen notwendig. Verwenden Sie Rezepte, die 90 Minuten Kochzeit vorsehen, erhöht sich die Bitterstoffausnutzung um etwa 2 %. Entweder kochen Sie länger oder erhöhen die Hopfengabe(n) um knapp 10 %.

Sollten Sie ein Bier aber stärker einbrauen (also den Alkoholgehalt erhöhen) wollen, so benötigen Sie ebenfalls mehr Hopfen, da die α–Säuren des Hopfens bei steigender Dichte weniger gelöst werden. Je 3 °P, die die Stammwürze gegenüber dem Rezept steigen soll, geben Sie bitte 10 % mehr Hopfen zu. Soll das Bier schlanker werden, verfahren Sie bitte umgekehrt.

5.4 Berechnung der Nachgärung

Beim **Grünschlauchen** füllen Sie das Bier etwa ab, wenn es sich bei 0,7 – 0,8 °P über der Schnellvergärungsprobe befindet. Da untergärige Biere in der Regel bei niedrigeren Temperaturen vergären, ist die Kohlensäuresättigung etwas höher. Füllen Sie dann bei 0,5 °P über der Schnellvergärungsprobe ab.

Bei der **Gabe von Speise** hat sich die Faustformel von 10 % bei einem obergärigen 12 °P-Sud bewährt. Bei auf niedrigeren Temperaturen geführten untergärigen Bieren sollten Sie aus oben genannten Gründen die Speisezugabe auf 7 % begrenzen.

Wollen Sie dem endvergorenen Bier lediglich vergärbaren Extrakt zufügen, dann sind 3,5 gr. **Haushaltszucker** (entspricht einem gestrichenen Teelöffel) je 0,5 l-Flasche eine gute Dosierung. Je Liter im Fass sind es demnach 2 Löffel. Wenn Sie auf **Malzextrakt** zurückgreifen wollen, erhöht sich die Menge um etwa ein Viertel, da er ja nichtvergärbare Anteile enthält. Sinnvoll kann es sein, den Malzextrakt vorher in kochendem Wasser aufzulösen und runtergekühlt dem Gesamtsud zuzufügen. Somit kann ein Überschäumen verhindert werden.

5.5 Berechnung des Alkoholgehaltes

Im Grunde braucht man zur Bestimmung des Alkoholgehaltes, der in der Regel als Volumenprozente Alkohol (Vol. Alc.) angegeben wird nur die Stammwürze und den unvergärbaren Restextrakt. Ganz gut nähert man sich dem Alkoholgehalt des eigenen Bieres mit der Formel:
Volumenprozente Alc. = (Stammwürze + 0,5 – Restextrakt) : 2

Wer es etwas genauer mag, kann folgendes Zahlenmonster benutzen:
Volumenprozente Alc. = 261,1 : (261,53 – Restextrakt) x 81,92 x (Stammwürze – Restextrakt) : (206,65 – 1,0665 x Stammwürze) : 0,794

Zum Vergleich hier die Berechnungen für unser Klosterbier mit 13 °P, das bei 3,6 °P endet:

1. $(13 + 0,5 - 3,6) : 2 = 4,95$
2. $261,1 : (261,53 - 3,6) \times 81,92 \times (13 - 3,6) : (206,65 - 1,0665 \times 13) : 0,794 = 5,086$

5.6 Brauprotokoll

Das Brauprotokoll hat einen zweifachen Nutzen. Zum einen hilft es Ihnen selber Ihren eigenen Brauprozess zu dokumentieren, um gegebenenfalls Fehler erkennen und den Prozess bei Wiederholung gezielt verändern zu können. Zum anderen dient er zum eventuellen Nachweis für das Zollamt.

Die Gestaltung erfolgt als Formular, das Sie sich problemlos groß kopieren können.

Brauprotokoll

Rezept:_____

Datum: Sud-Nr.:
Beginn: Ende:

Schüttung:
Hauptguss:
Nachguss:

Vorgang	Temperatur	Dauer
Einmaischen		
Kochmaische (l) zubrühen		
1. Rast		
Kochmaische (l) zubrühen		
2. Rast		
Evtl. weitere Kochmaische (l) zubrühen		
Ggf. 3. Rast		
Abläutern		
Nachguss mit l bei 78 °C		
Messung Stammwürze:		

Hopfengabe(n) beim Würzekochen	Kochdauer:
Wann?	
Welchen?	
Wieviel?	
Messung Stammwürze:	
Evtl. Zufügung von Wasser (l) bis Stammwürze:	

Gärung:	Hefe:
Angestellt wann?	Temperatur:
Angekommen wann?	Gärtemperatur:
Restextrakt:	
abgefüllt wann?	Wieviel?

Verbesserungsmöglichkeiten:

5.7 Bezugsadressen und weiterführende Literatur

Meine beiden bevorzugten Rohstoff- und
Materiallieferanten sind:

- Candirect
  Inhaber: Dipl.-Ök. Stefan Welfonder
  Inneboltstr. 126
  47506 Neukirchen-Vluyn (Lager)
  Tel. 02845-9840554
  www.candirect.de
  info@candirect.de

  Internetversandhandel mit 24-Stunden-Service-
  Hotline (Versandkosten bis 31,5 kg 8,- Euro),
  Abholmöglichkeit im Lager in Neukirchen-Vluyn
  (kleiner Plausch und Kaffee inklusive)

- Hopfen und mehr
  Inhaber: Christian Herkommer
  Schulstraße 27
  88099 Neukirch
  Tel. 07528-9699010
  www.hobbybrauerversand.de
  info@hopfen-und-mehr.de

  Schneller und zuverlässiger
  Internetversandhandel mit großer Auswahl
  (Versandkostenpauschale 5,- Euro)

Wer auf den Geschmack gekommen ist, wird sich
zweifellos an weiterführender Literatur erfreuen.
Folgende Titel waren Grundlage meiner ersten (und
weiteren) Brauversuche. Sie erwiesen sich als durchaus
hilfreich. Viele meiner Ausführungen greifen auf die

dort zum Teil deutlich ausführlicher dargestellten Sachverhalte zurück. Inzwischen dürften bei den meisten Werken Neuauflagen vorliegen.

- Hubert Hanghofer: Bier brauen nach eigenem Geschmack. München – Wien – Zürich: BLV 1999.

- Klaus Kling: Bier selbst gebraut. Augsburg: Weltbild Verlag 1998.

- Josh Leventhal: Bier. Geschichte, Herstellung, Sorten & Marken. Köln: Könemann Verlagsgesellschaft 1999.

- Jürgen Roth: Bier! Das neue Lexikon. Leipzig: Reclam Verlag 1999.

- Hagen Rudolph: Heimbrauen für Fortgeschrittene. Nürnberg: Verlag Hans Carl 2002.

- Wolfgang Vogel: Bier aus eigenem Keller. Stuttgart: Verlag Eugen Ulmer [3]1993.

Wer zudem den Austausch mit anderen Hobbybrauern sucht, im Bekanntenkreis aber erst noch Pionierarbeit zu leisten hat, der wende sich an das aus meiner Sicht am besten frequentierte Forum:

- www.hobbybrauer.de

Neulingen wird hier geduldig zugehört und geantwortet. Fortgeschrittene finden wohl kaum qualifiziertere Dialogpartner.

6   Die Rezepte

6.1 Klosterbier „Blauer Abt" (obergärig)

Das Klosterbier ist ein obergäriges malzbetontes Bier, das in diesem Rezept durch eine verhältnismäßig großzügige Hopfung einen schönen herben Gegenpol hat. Es steht in der Tradition der belgischen Abtei- bzw. Trappistenbiere. Für den Beginn belasse ich es jedoch mit einer ausgewogenen und allgemeinverträglichen Variante. Wer es noch malziger mag, reduziert die Bitterhopfung und fügt noch 200 gr. dunkles Caramelmalz dazu. Die hier vorgeschlagene Rezeptur entspricht einem „normalprozentigen Blonden". Dunklere Varianten werden über Zugabe von Farbmalz (20 gr. erst am Ende der ersten Verzuckerungsrast) erzielt. Hochprozentigere Dubbel-Biere (16 °p) erreicht man durch eine Vergrößerung der Malzschüttung (insgesamt 6 kg). Für Trippel-Biere (20 °P) gebe man zusätzlich noch Haushaltszucker in die kochende Würze, bis die gewünschte Stammwürze eingestellt ist. Achtung: Mehr ist nicht immer besser.

Schüttung
- 2,5 kg Wiener Malz
- 2,5 kg Münchener Malz

Gussführung
- Hauptguss 22 l
- Nachguss 12 l

Maischverfahren (Zweimaischverfahren)
- Einmaischen mit 22 l bei 60 °C (ergibt 52 °C)
- 15 Minuten Eiweißrast

- 7,5 l Teilmaische entnehmen und langsam zum Kochen bringen, unter Rühren zurückgeben (ergibt 64 °C)
- 30 Minuten Maltoserast
- 9,5 l Teilmaische entnehmen und langsam zum Kochen bringen, unter Rühren zurückgeben (ergibt 75 °C)
- 50 Minuten Verzuckerungsrast
- Nach erfolgreicher Jodprobe abläutern
- Mit 10 l Wasser (78 °C) Treber auswaschen

Hopfung
- Aromahopfung (Vorderwürze): 25 gr. Hallertauer Tradition (5 % α)
- Bitterhopfung (nach Kochbeginn): 25 gr. Hallertauer Tradition (5 % α)

Stammwürze
- Durch evtl. Zugabe von Wasser auf 13 °P (entspricht ca. 5,2 % Vol. Alc.) einstellen.

Hefe
- Obergärige Trockenhefe oder
- WYEAST Scottish (1728) oder Belgien Abbey II (1762)

Gärtemperatur
- Hefe anstellen bei 22 °C
- Gärung bei 18 °C

Reifung
- 6 Wochen Flaschen- bzw. Fassreifung (2 Wochen Nachgärung bei Zimmertemperatur, danach bei möglichst 4 °C in den Kühlschrank)

6.2 Alt „Onkel Jupp" (obergärig)

Mit Onkel Jupps Altbier stellen wir uns in die (nieder)-rheinische Altbiertradition: dunkelbraun, malzig, aber nicht zu süß, eher mit ausgewogener Herbe.
Alt heißt im übrigen nicht Alt, weil es etwa länger reift, sondern weil sich die obergärige Brauweise im 19. Jahrhundert als herkömmlich im Gegensatz zu der sich auch am Rhein etablierenden untergärigen Brauweise verstand. Das Altbier ist daher ein konservatives Bier, das sich aber wegen seiner geschmacklichen Geschmeidigkeit bis heute großer Beliebtheit (zunehmend auch in den USA) erfreut.

Schüttung
- 1,5 kg Pilsener Malz
- 3 kg Münchener Malz
- 50 gr. Farbmalz

Gussführung
- Hauptguss 21 l
- Nachguss 12 l

Maischverfahren (Einmaischverfahren)
- Einmaischen mit 14 l bei 62 °C (ergibt 52 °C)
- 15 Minuten Eiweißrast
- 7 l kochendes Wasser unter Rühren zugeben (ergibt 64 °C)
- 40 Minuten Maltoserast
- gut 9 l Teilmaische entnehmen und langsam zum Kochen bringen, unter Rühren zurückgeben (ergibt 75 °C)
- 45 Minuten Verzuckerungsrast
- Nach erfolgreicher Jodprobe, abläutern
- Mit 10 l Wasser (78 °C) Treber auswaschen

Hopfung
- Bitterhopfung (nach Kochbeginn): 60 gr. Spalter Select oder Hallertauer Mittelfrüh (5 % α)

Stammwürze
- Durch evtl. Zugabe von Wasser auf 12 °P (entspricht ca. 4,8 % Vol. Alc.) einstellen.

Hefe
- Obergärige Trockenhefe oder
- WYEAST German Ale

Gärtemperatur
- Hefe anstellen bei 20 °C
- Gärung bei 18 °C

Reifung
- 4 - 6 Wochen Flaschen- bzw. Fassreifung (2 Wochen Nachgärung bei Zimmertemperatur, danach bei möglichst 0 - 4 °C in den Kühlschrank, ansonsten so kühl wie möglich)

6.3 Kölsch „Köbes' Bestes" (obergärig)

Auch das Kölsch ist ein traditionelles obergäriges Bier des Rheinlandes. Im Grunde ist es ein helles Alt, ebenfalls obergärig gebraut und mehr oder weniger herb ausgelegt. Mit für gewöhnlich wenig Kohlensäure versetzt, kann man es aus den ohnehin sehr kleinen Kölsch-Stängchen nahezu „schütten". Ich biete hier, um dem Altbier geschmacklich etwas entgegen zu setzen, eine weniger hopfenbetonte, sehr süffige Variante an. Die Zugabe von Weizenmalz führt zu einer Trübung, die das Kölsch eigentlich zu einem „Wieß" (= naturtrübes Kölsch) macht. Im übrigen ist Kölsch ohnehin eine geschützte Bezeichnung, die nur benutzt werden darf, wenn das Bier in Köln (und Umgebung) von einem Zugehörigen der Kölsch-Brauervereinigung gebraut wird.

Schüttung
- 4 kg Pilsener Malz
- 0,5 kg Weizenmalz
- 0,2 kg Sauermalz

Gussführung
- Hauptguss 21 l
- Nachguss 12 l

Maischverfahren (Einmaischverfahren)
- Einmaischen mit 14 l bei 62 °C (ergibt 52 °C)
- 15 Minuten Eiweißrast
- 7 l kochendes Wasser unter Rühren zugeben (ergibt 64 °C)
- 35 Minuten Maltoserast
- Gut 9 l Teilmaische entnehmen und langsam zum Kochen bringen, unter Rühren zurückgeben (ergibt 75 °C)

- 45 Minuten Verzuckerungsrast
- Nach erfolgreicher Jodprobe abläutern
- Mit 10 l Wasser (78 °C) Treber auswaschen

Hopfung
- Aromahopfung (Vorderwürze): 20 gr. Hallertauer Tradition (5 % α)
- Bitterhopfung (nach Kochbeginn): 10 gr. Magnum (13 % α)

Stammwürze
- Durch evtl. Zugabe von Wasser auf 12 °P (entspricht ca. 4,7 % Vol. Alc.) einstellen

Hefe
- Obergärige Trockenhefe oder
- WYEAST Kölsch (2565)

Gärtemperatur
- Hefe anstellen bei 20 °C
- Gärung bei 18 °C

Reifung
- 4 – 5 Wochen Flaschen- bzw. Fassreifung (2 Wochen Nachgärung bei Zimmertemperatur, danach bei möglichst 4 °C in den Kühlschrank)

6.4 Weizenbock „Silvator" (obergärig)

Und noch eine obergärige Spezialität! Wer gerne im Frühjahr bei den ersten Sonnenstrahlen im Biergarten ein Weizenbier genießt, ist mit dem Weizenbock bestens bedient. Doch Vorsicht, die geschmacklichen Vorzüge des Bockbiers bezahlt man mit höherem Alkoholgehalt. Das Silvator ist daher etwas zum Genießen. Den typischen Weizenbiergeschmack bekommt man letztlich nur mit einem speziellen Hefestamm hin, hier bringt uns eine gewöhnliche, obergärige Trockenhefe nicht weiter. Die Ausgaben für eine flüssige Reinzuchthefe lohnen aber. Probieren Sie es aus.

Schüttung
- 3 kg Wiener Malz
- 3 kg Weizenmalz

Gussführung
- Hauptguss 22 l
- Nachguss 12 l

Maischverfahren (Einmaischverfahren)
- Einmaischen mit 12 l bei 58 °C (ergibt 45 °C)
- 25 Minuten Eiweißrast
- 10 l kochendes Wasser unter Rühren zugeben (ergibt 63 °C)
- 40 Minuten Maltoserast
- Nach 15 Minuten 10 l Teilmaische entnehmen und langsam zum Kochen bringen, unter Rühren zurückgeben (ergibt 74 °C)
- 40 Minuten Verzuckerungsrast
- Nach erfolgreicher Jodprobe abläutern
- Mit 10 l Wasser (78 °C) Treber auswaschen

Hopfung
- Aromahopfung (Vorderwürze): 15 gr. Tettnanger oder Select (4,5 – 5 % α)
- Bitterhopfung (nach Kochbeginn): 15 gr. Tettnanger oder Select (4,5 – 5 % α)

Stammwürze
- Durch evtl. Zugabe von Wasser auf 16 °P (entspricht ca. 7 % Vol. Alc.) einstellen.

Hefe
- WYEAST Weihenstephan Weizen (3068) (ein Knaller!) oder Bavarian Wheat (3638, nicht 3056!)

Gärtemperatur
- Hefe anstellen bei 24 °C
- Gärung bei 20 °C

Reifung
- 4 Wochen Flaschen- bzw. Fassreifung (1 Woche Nachgärung bei Zimmertemperatur, danach bei möglichst 4 °C in den Kühlschrank)

6.5 Irish Stout „McEwan's Black" (obergärig)

Einen größeren Kontrast zum fruchtigen Weizenbock könnte man geographisch und geschmacklich kaum herstellen. Es geht nach Großbritannien zu den dunklen und bitteren Bieren. Das Stout ist eine Variante des Porter. Die Grenzen sind immer noch fließend. Gemeinsam ist beiden die starke Hopfung und die dunkle Farbe. Das Stout gilt dabei aber als stärker und dunkler. Die irische Variante, die ich Ihnen hier an-biete, ist zudem noch ein wenig säuerlich-trocken und bekommt durch eine kräftige Beigabe von unge-mälzter aber gerösteter Gerste den typischen Röst-geschmack, der ein wenig an Kaffee erinnert. Ich gebe zur Schaumstabilisierung gerne noch ein Paket Haferflocken dazu. Probieren Sie es auch, Sie werden angenehm überrascht sein.
Das englische Einmaischverfahren sieht nur zwei Tem-peraturstufen vor (eigentlich nur eine Verzuckerungs-rast) und weicht demnach von den Standardver-fahren deutlich ab.

Schüttung
- 4,5 kg Pilsener Malz
- 0,5 kg Haferflocken
- 0,5 kg geröstete Gerste (nicht mit einmaischen!)
- 0,2 kg Sauermalz (wer einen trockenen Abgang wünscht)

Gussführung
- Hauptguss 22 l
- Nachguss 12 l

Maischverfahren (Englisches Verfahren)
- Einmaischen mit 14 l bei 82°C (ergibt 65°C)
- 60 Minuten Rast

- kurz vor Schluss geröstete Gerste zugeben
- 8 l kochendes Wasser hinzugeben (ergibt 75 °C)
- 15 Minuten Rast
- Nach erfolgreicher Jodprobe abläutern
- Mit 10 l Wasser (78 °C) Treber auswaschen

Hopfung
- Bitterhopfung (nach Kochbeginn): 40 gr. Magnum (13 % α)

Stammwürze
- Durch evtl. Zugabe von Wasser auf 14 °P (entspricht ca. 5,5 % Vol. Alc.) einstellen

Hefe
- Obergärige Trockenhefe oder besser
- WYEAST Irish Ale (1056) oder Whitbread Ale (1099)

Gärtemperatur
- Hefe anstellen bei 22 °C
- Gärung bei 20 °C

Reifung
- 8 Wochen Flaschen- bzw. Fassreifung (2 Wochen Nachgärung bei Zimmertemperatur, danach bei möglichst 4 °C in den Kühlschrank)

6.6 Pils „Nordisch-herb" (untergärig)

Wenn die „Lager-Welle" eines bewirkt hat, dann die lobenswerte Abkehr von übertrieben malzigen, fast schon süßlichen Bieren. Der Proto-Typ des untergärigen Bieres ist sozusagen das Pils. Seine Wurzeln liegen im 19. Jahrhundert im Wiener Biertyp und dem böhmischen Pilsener. In Dortmund präsentiert es sich stärker ein-gebraut, dafür etwas hopfenärmer als Export, im Norden traditionell herber, aber spritzig-leicht. Den nordischen Pils-Typ stelle ich Ihnen hiermit vor. Er setzt sich durch seine Hopfenbetonung (drei Hopfen-gaben!) deutlich von den zum Teil nichtssagenden amerikanischen Lager-Bieren ab.

Schüttung
- 4,5 kg Pilsener Malz
- 200 gr. Sauermalz

Gussführung
- Hauptguss 21 l
- Nachguss 14 l

Maischverfahren (Einmaischverfahren)
- Einmaischen mit 14 l bei 62 °C (ergibt 52 °C)
- 15 Minuten Eiweißrast
- 7 l kochendes Wasser unter Rühren zugeben (ergibt 64 °C)
- 45 Minuten Maltoserast
- Gut 9 l Teilmaische entnehmen und langsam zum Kochen bringen, unter Rühren zurückgeben (ergibt 75 °C)
- 45 Minuten Verzuckerungsrast
- Nach erfolgreicher Jodprobe abläutern
- Mit 12 l Wasser (78 °C) Treber auswaschen

Hopfung
- Aromahopfung (Vorderwürze): 20 gr. Spalter oder Select (5 % α)
- Bitterhopfung (nach Kochbeginn): 40 gr. Magnum oder Taurus (13 % α)
- Aromahopfung vor der Heißtrubabscheidung: 10 gr. Spalter oder Select (5 % α)

Stammwürze
- Durch evtl. Zugabe von Wasser auf 12 °P (entspricht ca. 4,8 % Vol. Alc.) einstellen

Hefe
- Untergärige Trockenhefe oder
- WYEAST Danish (2042) oder European Lager (2247)

Gärtemperatur
- Hefe anstellen bei 15 °C
- Gärung bei maximal 12 °C

Reifung
- 8 Wochen Flaschen- bzw. Fassreifung (mind. 2 Wochen Nachgärung bei 12 °C , danach bei möglichst 0 - 4 °C in den Kühlschrank, ansonsten so kühl wie möglich)

6.7 Pils „Böhmisch-frisch" (untergärig)

Pils ist nicht gleich Pils. Wer einmal das große Glück hatte in Pilsen (Tschechien), der Urstätte des Pilsener Urquells, zu weilen weiß, dass Pils auch ganz anders schmecken kann. Gold-gelbe Farbe, malzig-voller Charakter, ausgeprägtes Hopfenaroma und herb-trockener Abgang, so präsentiert sich bis heute das Pilsener böhmischen Ursprungs.

Schüttung
- 1,5 kg Pilsener Malz
- 3,0 kg Wiener Malz
- 200 gr. Caramelmalz hell

Gussführung
- Hauptguss 22 l
- Nachguss 12 l

Maischverfahren (Zweimaischverfahren)
- Einmaischen mit 22 l bei 60 °C (ergibt 52 °C)
- 15 Minuten Eiweißrast
- 7,5 l Teilmaische entnehmen und langsam zum Kochen bringen, unter Rühren zurückgeben (ergibt 64 °C)
- 40 Minuten Maltoserast
- 9,5 l Teilmaische entnehmen und langsam zum Kochen bringen, unter Rühren zurückgeben (ergibt 75 °C)
- 45 Minuten Verzuckerungsrast
- Nach erfolgreicher Jodprobe abläutern
- Mit 10 l Wasser (78 °C) Treber auswaschen

Hopfung
- Bitterhopfung (nach Kochbeginn): 30 gr. Styrian Golding oder Brewer's Gold (6 – 7 % α)

- Aromahopfung vor der Heißtrubabscheidung: 20 gr. Saazer (5 % α)

Stammwürze
- Durch evtl. Zugabe von Wasser auf 12,5 °P (entspricht ca. 5,0 % Vol. Alc.) einstellen

Hefe
- Untergärige Trockenhefe oder
- WYEAST Czech Pils (2278)

Gärtemperatur
- Hefe anstellen bei 16 °C
- Gärung bei 12 °C

Reifung
- 6 – 8 Wochen Flaschen- bzw. Fassreifung (2 Wochen Nachgärung bei 12 °C, danach bei möglichst 4 °C in den Kühlschrank)

6.8 Märzen „Letzte Rettung" (untergärig)

Die letzte Rettung war das Märzen, weil es früher als letztes untergäriges Bier im ausgehenden Frühjahr noch gebraut werden konnte. Danach stiegen die (Gär-)Temperaturen an und es wurde letztlich nur noch obergärig gebraut. Entsprechend stark wurde das Märzen eingebraut, damit man es noch recht lange lagern konnte. Meist im Herbst wurde es dann fällig und kam als Oktoberfestbier auf den (Bier-)Tisch. Wer auf nicht zu schlankes Pils steht und ein bisschen mehr Vollmundigkeit mag, der ist mit einem Märzen hervorragend bedient. Hier vereinen sich die Vorzüge von dezent herben und trotzdem geschmacklich vollen Bieren. Mein Tipp: Unbedingt ausprobieren.

Schüttung
- 1,0 kg Pilsener Malz
- 3,0 kg Wiener Malz
- 800 gr. Münchener Malz
- 200 gr. Caramelmalz dunkel

Gussführung
- Hauptguss 22 l
- Nachguss 12 l

Maischverfahren (Dreimaischverfahren)
- Einmaischen mit 22 l bei 60 °C (ergibt 52 °C)
- 15 Minuten Eiweißrast
- 7,5 l Teilmaische entnehmen und langsam zum Kochen bringen, unter Rühren zurückgeben (ergibt 64 °C)
- 40 Minuten Maltoserast
- 8 l Teilmaische entnehmen und langsam zum Kochen bringen, unter Rühren zurückgeben (ergibt 73 °C)

- 40 Minuten Verzuckerungsrast
- 5 l Teilmaische entnehmen und langsam zum Kochen bringen, unter Rühren zurückgeben (ergibt 77 °C)
- 15 Minuten Endverzuckerung
- Nach erfolgreicher Jodprobe abläutern
- Mit 10 l Wasser (78 °C) Treber auswaschen

Hopfung
- Aromahopfung (Vorderwürze): 30 gr. Hallertauer Tradition (5 % α)
- Bitterhopfung (nach Kochbeginn): 15 gr. Magnum oder Taurus (13 % α)

Stammwürze
- Durch evtl. Zugabe von Wasser auf 13 °P (entspricht ca. 5,2 % Vol. Alc.) einstellen

Hefe
- Untergärige Trockenhefe oder
- WYEAST Bavarian (2206) oder Munich Lager (2308)

Gärtemperatur
- Hefe anstellen bei 15 °C
- Gärung bei 12 °C

Reifung
- 6 – 8 Wochen Flaschen- bzw. Fassreifung (2 Wochen Nachgärung bei 12 °C, danach bei möglichst 4 °C in den Kühlschrank)

6.9 Bockbier „Tanz in den Mai" (untergärig)

Zum Abschluss ein Klassiker der Starkbiere. Wer sich das Bockbier allerdings wirklich zum Tanz in den Mai geben möchte, sollte auf die Mengen achten, damit die Tanzpartnerin am kommenden Morgen nicht über blaue Füße klagt. Auf's Dach zum Maibaum setzen gehört man danach auf keinen Fall mehr!

Schüttung
- 3,0 kg Pilsener Malz
- 3,5 kg Wiener Malz
- 300 gr. Caramelmalz dunkel

Gussführung
- Hauptguss 22 l
- Nachguss 12 l

Maischverfahren (Dreimaischverfahren)
- Einmaischen mit 22 l bei 60 °C (ergibt 52 °C)
- 15 Minuten Eiweißrast
- 7,5 l Teilmaische entnehmen und langsam zum Kochen bringen, unter Rühren zurückgeben (ergibt 64 °C)
- 35 Minuten Maltoserast
- 8 l Teilmaische entnehmen und langsam zum Kochen bringen, unter Rühren zurückgeben (ergibt 73 °C)
- 45 Minuten Verzuckerungsrast
- 5 l Teilmaische entnehmen und langsam zum Kochen bringen, unter Rühren zurückgeben (ergibt 77 °C)
- 15 Minuten Endverzuckerung
- Nach erfolgreicher Jodprobe abläutern
- Mit 10 l Wasser (78 °C) Treber auswaschen

Hopfung
- Aromahopfung (Vorderwürze): 15 gr. Spalter (5 % α)
- Bitterhopfung (nach Kochbeginn): 15 gr. Magnum oder Taurus (13 % α)
- Aromahopfung vor der Heißtrubabscheidung: 10 gr. Spalter (15 % α)

Stammwürze
- Durch evtl. Zugabe von Wasser auf 16 °P (entspricht ca. 6,3 % Vol. Alc.) einstellen.

Hefe
- Untergärige Trockenhefe oder
- WYEAST Bavarian (2206)

Gärtemperatur
- Hefe anstellen bei 15 °C
- Gärung bei 12 °C

Reifung
- 8 Wochen Flaschen- bzw. Fassreifung (2 Wochen Nachgärung bei 12 °C, danach bei möglichst 4 °C in den Kühlschrank)

Malze von Weyermann

Hopfenpellets

Brauanlagen von Speidel

Bierhefen

Ständig neue und attraktive Angebote!